# 运河流芳

YUN HE LIU FANG

《文蕴高新》丛书

施晓平 / 著

中国·苏州
古吴轩出版社

**图书在版编目（CIP）数据**

运河流芳／施晓平著．—苏州：古吴轩出版社，2018.8

（文蕴高新）

ISBN 978-7-5546-1202-6

Ⅰ．①运…　Ⅱ．①施…　Ⅲ．①大运河—文化研究—苏州　Ⅳ．①K928.42

中国版本图书馆CIP数据核字（2018）第183213号

**责任编辑：**俞　都

**装帧设计：**卞　锐　尚　海　朱　坤

**责任校对：**徐小良　黄川川

**责任照排：**卞　锐

**图片提供：**苏州高新区党工委宣传部　苏州高新区摄影家协会

施晓平　陆建新　王之祥等

**书　　名：**运河流芳

**著　　者：**施晓平

**出版发行：**古吴轩出版社

地址：苏州市十梓街458号　　邮编：215006

Http：//www.guwuxuancbs.com　　E-mail：gwxcbs@126.com

电话：0512-65233679　　传真：0512-65220750

**出 版 人：**钱经纬

**印　　刷：**苏州市越洋印刷有限公司

**开　　本：**889×1194　1／32

**印　　张：**6.75

**版　　次：**2018年8月第1版　第1次印刷

**书　　号：**ISBN 978-7-5546-1202-6

**定　　价：**36.00元

# 《文蕴高新》丛书序

范小青

1990的秋天，苏州古城以西，太湖东岸，运河之畔，狮山脚下，在那一片土地上，出现了两个字——高新，成立了一个区，全称是苏州高新技术开发区。

在那个时代，在那些特殊岁月中的早一些的日子，或者迟一些的后来，在全国各地各处，出现了许许多多的“高新”，许许多多的“经济发展”“技术开发”，如雨后春笋，星罗棋布。

而今，近三十年过去了，许多“高新”已不再高新，许多“开发”也已成为过去时，而当我们回望苏州高新区的前进足迹时，我们欣喜地看到，苏州高新区的路，越走越新，她展翅翱翔，越飞越高远。

天高任鸟飞，海阔凭鱼跃。

因为土厚，所以根深，因为根深，所以叶茂，这就是苏州高新区的今天：梦想照进现实。

苏州西部的这片土地，是热土，是厚土，是沃土，是一片神奇的地方，是一块遍地玑珠的宝地。千百年来，这里洒落了一地的文化的种子，沉淀着浓厚的内力，积累出非同一般的耐力，所以——

苏州以西，有山，山不在高，有满山丰硕的果实，那是文化的力量所滋养所催生的果实；

苏州以西，有水，水很辽阔，太湖运河相辅相成，那是历史的风雨所荡涤所洗礼的结晶；

苏州以西，有艺，艺很精湛，妙手撷英一应俱全，那是民间大家工匠精神的具体体现。

阳山耸秀，白云红叶影离离；
运河流芳，姑苏城外寒山寺；
太湖观澜，湖山处处好淹留；
百工遗韵，一方素帕寄心知；
锦绣兰心，瑶姬学绣流苏幔。

是的，我们知道，苏州高新区遍地胜览遍地贤，满山珍宝满山趣，我们愿意尽情地去行走，我们希望全身心地去投入，只是可惜了，我们的足迹，恐怕无法踏遍高新区的每一寸土地，即便是随意地走一走，看一看，对于忙碌而焦虑的现代人来说，可能都是十分奢侈的梦想；我们的目光，被城市的高楼所遮挡，也无法将这个缤纷灿烂的世界全部地、一一地看过来。

其实，不用担心，也不必着急。

从前，关于苏州园林，有“不出城郭，可享山林之美”的说法，而今天，现在，我们眼前的这套《文蕴高新》丛书，几册在手，随意一翻，便可让我们历经高新区文化之精华，遍览高新区文脉之印迹，了解高新区文本之渊源。

这是站立在纸上的文化高新，它不是地图，却像是一幅地图，沿着它的指点，我们就行走在苏州高新区这片古老宁静又是阳光普照、欣欣向荣的土地上了；

这是流动在心头的鲜活高新，它不是乐器，却弹奏出延续了千百年而仍然生机勃勃的音乐之声；

这是厚重的源远流长的历史高新，它不是一座博物馆，却是行行玑珠，页页有宝。

我们在这里尽情地徜徉，在这里恣意地行走，说不定就遇上了夜宿寒山寺的张继，还能看到王鏊登阳山，沈周畅游白马涧；

我们细细地鉴赏那些精湛的民间工艺，从而体会到从古至今苏州以西这片土地上的人民是怎样将精雕细刻融入生命和灵魂之中的；

我们来走一走长达二十五公里的环太湖风光带，饱览着湖滨自然山水风光，再到沿岸看一看遍布着各具特色的生态村庄和传统人家，历史悠久的古街、古建、古迹；

我们再沿着大运河看一看，经过浒墅关，跨过枫江桥，穿过横塘路，运河文化的浓郁风情一路伴随着我们；

我们一路走来，满目青山绿水，处处名胜古迹，我们还听到了纯朴的《小姐嫁郎歌》，我们还品尝了著名的太湖三白，我们还看到了惊为天作的苏绣精品……

《文蕴高新》丛书犹如一根长链，将苏州高新区遍地的珍宝，串连起来了，集中起来了，手执一册丛书，高新区的古往今来，一下子尽收眼底，一下子看个够，了解个透。

这几乎就是一部关于苏州高新区文化传承的小百科全书了。

《文蕴高新》丛书无疑会将苏州高新区独树一帜的标识和印记牢牢地烙在每一个读者的心灵深处，她不仅是一本书，更是苏州高新区向世界传递出的一张精彩名片，一张带着体温和情感、带着浓郁乡情的名片。

# 目录

## 综 述

上善若水。

公元前495年，地处长三角腹地的吴国为北上争霸，开凿了一条从都城（今苏州）经无锡、常州，连通长江的运河，这就是如今的京杭大运河江南段（又称江南运河）的雏形，运河景观和运河文化从此在沿线区域潜滋暗长。

苏州高新区坐拥19.5公里大运河河道，占大运河苏州段总长的20%，大运河穿越的地区包括浒墅关（含浒墅关镇和浒墅关经济技术开发区）、枫桥街道、狮山街道、横塘街道，沿线的景观和文化，是声名卓著的苏州好风光以及吴文化的重要组成部分。

《道德经》第四十三章说：“天下之至柔，驰骋天下之至坚。”

至柔之物莫如水，至坚之物莫如金石。但水能贯坚而入刚，所谓“水滴石穿”，无所而不通。水，赋予万事万物旺盛的生命力。

苏州高新区，也因大运河及大运河串联起来的水系而生机蓬勃。

## 这里因运河而秀美

水本无形，因载体形状、长短的不同而变化。在苏州高新区大运河沿线，水或为河（如大运河、枫金河），或为溪（如白马涧），或为湖（如大白荡、龙池），或为泉（如寒山岭洗心泉）……构建起以大运河为主动脉、其余河道为支脉、其余水体为补充的庞大水系，成为调节长江、太湖水流的重要纽带。这些河湖溪涧或宽阔或绵长，或笔直或迂曲，或大气磅礴或小巧可人，或水平如镜或惊涛拍岸……千变万化，多姿多彩。

水本无色，清澈的浅水常常能一眼见底，看得见鱼虾在空游，看得见水草在荡漾。但水也会因光线的折射而变得有色。在苏州高新区，大运河的水常常因风吹或船只过往，掀起白色的浪花；白马涧汩汩流淌的溪水则像一条纯净的白练；龙池的水俯瞰像翡翠，绿得让人心醉，远眺却是波光粼粼，形成一幅天光云影共徘徊的美丽画卷。山岩上渗出的水，在阳光的照射下闪闪发光，让山体变成了“金山”。

水本无心，却因自然和人类长年累月的改造而动情。

在苏州高新区，浒墅关的南津桥、北津桥、兴贤桥，枫桥地区的枫桥、江村桥，横塘的彩云桥、行春桥等桥梁，单孔的高大雄伟，联拱的如长虹卧波，给大运河等水体增加了立体感；大小船只南来北往，或扯白帆，或靠人力，或用挂机，或载人，或运货，一派繁忙；文昌阁、董公堤、三里亭、十里亭、铁铃关等古迹星罗棋布，外形各异；两岸民居鳞次栉比，依水而筑，河边绿树成荫，鸟语花香……从此有了“昌阁风桅”等浒墅关八景，有了枫桥景区、白马涧生态园、石湖名胜、荷花荡……一切的一切，都是依托大运河等水体而形成的入画美景。那细微或雄健的水声，是水体在动情地歌唱。

高新区运河又是苏州地区最贴近山体的运河，阳山、真山、高景山、狮子山、上方山等山体与大运河相偎相依，相得益彰。因此，与苏州地区其他段运河相比，高新区运河沿线的风光，柔情中又多了几分阳刚。

一张一弛，文武之道。苏州高新区的大运河，是一道别致的风景。

## 这里因运河而繁华

在那悠长的岁月里，大运河苏州高新区段作为水上要道，极大地改善了苏州的交通运输条件，方便了苏州与南北的贸易、来往，促进了苏州的经济发展。

吴地的古代史上，两个时间段最为辉煌，一个是春秋后期、战国初期，一个是隋唐至明清时期。这两个时间段，都跟大运河密切关联。

商周时期，吴地人烟稀少。分封于此的泰伯、仲雍后裔，与越族融合，建立了勾吴古国，到春秋时期，仲雍十九世孙寿梦即位，吴国开始兴盛。再传到寿梦曾孙夫差时，吴国国力更为强大。公元前495年，夫差为北上争霸，听取谋臣建议，组织开凿了江南运河。

在此后的十年间，吴国几度借道江南运河，运粮草，输将士，北威齐晋，成为一代霸主。

然而，螳螂捕蝉，黄雀在后。注意力全放在北方的吴国遭遇越国背后突袭，最终亡国，江南运河的使用功能减弱，包括今苏州高新区在内的吴地，也随之陷入了长达近千年的相对低迷期。

公元七世纪初，隋炀帝组织开挖大运河，江南运河也被纳入大运河范畴，苏州成为南北水陆交通枢纽，商业发达，人民安居乐业，人口迅速增长。唐朝贞观（627—649）中至天宝元年（742）的约一百年时间里，苏州人口增长近10倍，达7.6万户，63万人；至元和年间（806—820）则已超过10万户。因此宝历元年（825）、次年担任苏州刺史的白居易在《登阊门闲望》诗中说："阊门四望郁苍苍，始觉州雄土俗强。十万夫家供课税，五千子弟守封疆……曾赏钱唐嫌茂苑，今来未敢苦夸张。"

再后来，宋室南渡，众多中原大族沿大运河来到苏州。元朝对大运河截弯取直，南方的大米通过大运河，直接运往今北京地区。到明清时期，苏州已成为全国东南经济文化中心。清朝嘉庆二十五年（1820），苏州府人口增至近600万，达到古代史上的顶峰。

是大运河，造就了苏州在这两个时间段的繁华，也造就了苏州高新区在这两个时间段的繁华。因此，横塘设置了驿站，不知有多少急件通过这里传递；浒墅关设置了钞关，每年收缴关税一二十万两到三四十万两银子，多的时候甚至达五十万两，一把手官居正六品，比县令（正七品）还要上档次；浒墅关还建造起文庙，有了等同于郡城、县城的文化设施配置，有了文正书院等众多书院；枫桥米市规模一度居全国米市之冠。康熙、乾隆、光绪等皇帝，或登临此地，或为这里题词。

这里的物产，诸如浒关草席、眼镜、枫镇大面，或通过运河销往大江南北，或吸引人们上门品尝，成为远近闻名的特产。

## 这里因运河而灵动

水是灵动的，大运河苏州高新区段也因水而灵动。这灵动，集中体现在这里的人文积淀上，所谓地灵人杰是也。

原因要从“智者乐水，仁者乐山”说起。孔子当年说过的这句话，至为有理。山，性格稳重，却又志存高远。仁爱之人像山一样稳定，不为外在的事物所动摇。水，性格活跃，却又悠然淡泊。智慧之人就像水一样机灵，能够像水那样与万事万物相融相亲，善于利用万物而不与万物竞争。

大运河苏州高新区段的水，自然哺育和吸引了众多智者，于是有了清代著名诗人沈德潜的老师、著有《养正录》的文人施灿，主撰道光《浒墅关志》、著有《渔庄集》的知名文人凌寿祺，京剧圣手冯子和，评弹名家、丽调创始人徐丽仙，篆刻家、西泠印社社员矫毅；也有了《孙子兵法》作者的孙武子宅，北宋词人贺铸的横塘别墅，南宋著名诗人范成大的石湖旧隐；玉雕名家陆子冈也曾在这里出家。

还有三国时期朱桓等将军，南北朝时期文人顾野王，明代状元宰辅申时行，葑溪冯氏、吴中贝氏等家族成员，在这里筑墓安息。作为吴文化考古重大收获的真山大墓，由众多墓葬组成，其中两个墓更是被一些专家学者认为是吴王墓、春申君墓，出土的青铜鼎、铜戈、铜剑、铜灯、猴钮铜盉（残片）、玉覆面、玉瑗、玉璧、玉扳指等文物均弥足珍贵。

也有人认为，“智者乐水，仁者乐山”并非指聪明人喜欢水，仁慈者喜欢山，而是说，聪明人的快乐像水，是动性的，仁慈者的快乐像山，是静性的。这无关紧要，因为，物以类聚，大运河苏州高新区段，动和静完美结合，人们能在这里找到动的快乐、静的仁爱。

这里还有勾践、丁令威、支遁等人物的动人传说，也有寒山寺、兰风塔院等寺庙的悠远钟声、悠长诗韵。

经济基础决定上层建筑。浒墅关、枫桥、横塘，因得天独厚的地理优势而经济繁荣，人文领域自然积淀深厚、百花齐放，成为独领风骚的一方人间乐土。

如今，大运河苏州高新区段对苏州经济的发展仍起着举足轻重的作用，沉淀千年而留下来的深刻文化印记，也等待着你我去追寻。

2018年3月，苏州高新区大运河风光带设计方案新鲜出炉。该风光带北起寒山桥，南至石湖一带，全长约10公里，将打造成苏州的文化休闲水岸，实现防洪与景观的一体化，形成线性绿化带、运动健康生活带、文化风情旅游带。此前，浒墅关明清风光带建设已经启动，从2018年起，这里将加快沿岸核心区域建设，用3—5年时间，将这一地区建设成为高颜值的生态长廊、高品位的文化长廊、高效益的经济长廊，这里将成为苏州大运河文化复兴战略示范带。

本书希望以严谨又不乏轻松的语言，必要的新老图片，带领大家走进苏州高新区大运河文化带上的浒墅关、枫桥、横塘，去领略这三颗璀璨明珠往昔和当下的神采。

# 浒关月

如今依然繁忙的浒墅关运河

京杭大运河滚滚滔滔，其江南运河段从长江一路南下，经常州、无锡，从望亭进入苏州相城区，再由浒墅关进入苏州高新区，然后继续向南，流经枫桥、横塘等地进入吴中区，再向南直奔浙江杭州而去。

浒墅关简称浒墅、浒关，是苏州高新区承接京杭大运河的第一站，跟大运河相偎相依千百年，素有“吴中要冲地，江南活码头”的美誉。集镇离苏州阊门直线距离仅11公里，是苏城西北面的重镇。千百年雨打风吹，运河沿岸的房屋更新了一批又一批，居民换了一茬又一茬，运河的河床拓宽了一次又一次……但浒墅关的融融月光，依然像当年那样照着这片古韵今风交融的山水胜地、人文沃土。

## 开篇　乾隆爷把“浒”读成了“许”？

对于浒墅关的名称，明代正德《姑苏志》有这样的记载：

浒墅在郡西二十五里。《图经》云：秦皇求吴王剑，白虎蹲于丘上，遂西走二十五里而失，剑不能得，地裂为池，因名其地曰“虎疁”。

由于唐代讳“虎”，改为“浒疁”；至吴越时讳“liú”音，又改为浒墅。

后人经过“层累的递进”，把上文演绎成这样的故事：秦始皇统一六国后，踌躇满志，巡游天下，某年来到了苏州。他早就听说吴王阖闾下葬时，陪葬了三千把锋利无比的宝剑。他想，如果能得到这些削铁如泥的宝剑，打起仗来必定所向披靡，于是到阖闾的坟墓所在地虎丘求剑。

不料一只白色的老虎蹲在山上，似乎在守护着阖闾墓。看到大队人马，老虎也害怕了，扭头就向西面逃去。秦始皇紧紧追赶，追了约二十五里，白虎不见了踪影，宝剑也无法得到。老虎消失的地方地面裂开，成为水塘，于是人们把这个地方称为“虎疁”。到了唐代，由于开国皇帝李渊的祖父叫李虎，凡是带“虎”的地名、人名都必须回避，“虎疁”躺着也中了枪，不得不改称“浒疁”。五代十国时期，吴越国国王叫钱镠，“浒疁”再次中枪，只好又改称为“浒墅”，“墅”者，田庐、村舍也。明代在浒墅设钞关收税，于是“浒墅”被称为了“浒墅关”。

但我一直怀疑，“虎疁”其实应该写作“火疁”。查查汉代的《说文解字》可知，疁，“烧种也”。原来，我们的先人种植庄稼前，往往先将田里的枯草焚烧成灰。这些草灰富含钾肥，可以促进庄稼生长。同时，火烧还可以烧死大批害虫，为庄稼的丰收保驾护航。这种“刀耕火种”的生产方式，吴地部分地区直到二十世纪八九十年代还保留着，那就是农历十二月下旬的“点田财”习俗。

如果引申一下，“疁”也可以指烧荒后用于耕种的土地。这样看来，“疁”和“火”搭配是说得通的，跟“虎”搭配就有点莫名其妙了——难道老虎也会用火烧荒后种地？

而苏州话中，“火”和“虎”读音相同。因此，“虎疁”很可能是“火疁”之讹，再后来才为避讳而写成“浒墅”的。

至于“浒”的读音，本来跟“虎”是相同的，比如“水浒”就读“水虎”，但如今在“浒墅关”里却读作“许”。

读音变异的原因有个民间传说：清朝乾隆皇帝下江南，乘龙船路过浒墅关时，看到关旗上写着的字便说：“‘许’墅关到了。”因为皇帝是“金口”，于是大家就把这里叫作“许墅关”了。

这个传说也太小看乾隆皇帝了吧？这位喜爱文学、推动满族汉化的皇帝并不是草包，“浒”又不算生僻字，乾隆怎么会出这样的洋相？于是有人说，只因那天风势较大，吹得关旗飞卷，“浒”字的“氵”被卷去，乾隆看到的就是个“许”字，当然就读“许墅关”了。

如果这个传说成立，那常熟的浒浦为何也读“许浦”呢？难道乾隆皇帝也到那里开了“金口”？

其实，查查《辞海》就能知道，“许”古代有一个读音就是“虎”。古代同音字往往通用，因此“浒墅”有时候被写作“许墅”或“许市”。当然，这个“许市”当时的读音还是“虎市”。只是后来“许”“浒”异化出“xǔ”的音了，“浒墅”才逐渐被读成“xǔ墅”了。

需要说明的是，“虎嘐”应作“火嘐”，“许”“浒”读音异化等说法纯属笔者个人的推测，不是定论，权当“靶子”供大家批评指正。

## 第一节　箫鼓楼船

但凡有些文化底蕴、有些名胜古迹的地方，都会归纳出“八景”“十景”之类的景观，千年古镇浒墅关自然也不例外。这里的“八景”，分别是昌阁风桅（原作“文阁风帆”）、龙华晚钟、浮桥夜月、渔庄夕照、南河榆荫、白荡菱歌、管山春眺（原作“虈山春眺”）、秦馀积雪。

# 《虎疁八景》

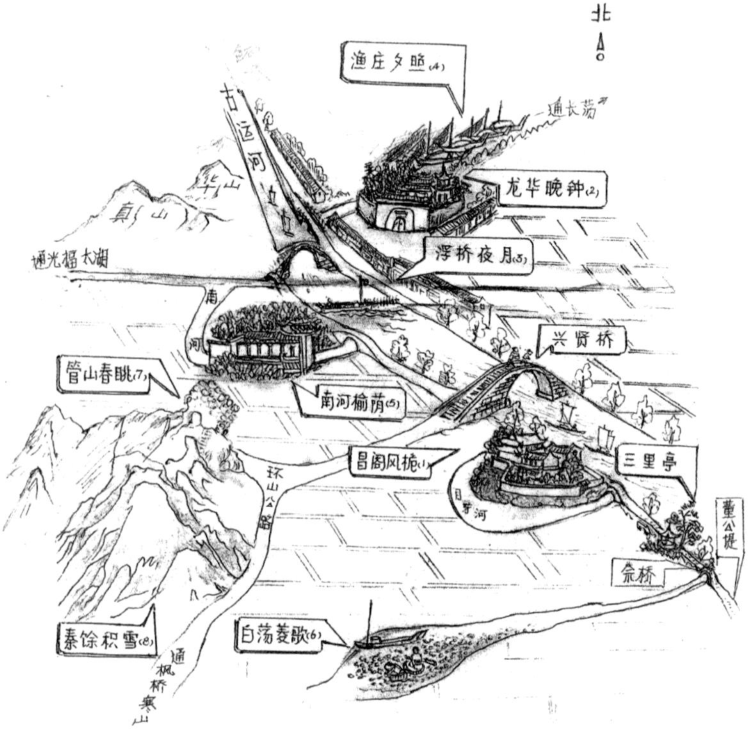


《虎疁八景》示意图　张金水绘

文昌阁

## 浒墅八景说古韵

风帆、桅杆，这些都是画家、摄影家的爱物。浒墅八景中的第一景——**昌阁风桅**，就与它们有关。

这里的“昌阁”，指的是浒墅关集镇南端、兴贤桥西南侧的文昌阁。它的东侧，就是京杭大运河。

文昌阁在全国各地有很多，是专门用于祭祀传说中掌管文运功名的“文昌帝君”，为的是保一方文风昌盛。浒墅关的文昌阁始建于明朝万历二十三年（1595），到现在已有400多年历史，是浒墅关地区一处保存较好的文化遗迹。当时人们的思想认识能力有限，觉得浒墅关一带的运河水直泻而过，留不住文气，所以这里人文不盛，这在有着崇文传统的苏州地区，可是要被人瞧不起的。

文气，就是要迂回曲折，就是要高低起伏。于是当地士绅张宏德、张宏谟、张宏祚兄弟自发捐献巨资，请工程队在大运河沿岸开了条弧形的放生河，借此疏导水势，挖出的泥土堆在放生河环抱的土地上，形成一个高10余米、方广11亩的土丘，上面建造阁楼供奉文昌帝君。文昌阁就这样耸立在了浒墅关大地上，与大运河母亲相偎相依。远看也好，航拍也罢，文昌阁所在地绿树掩映，获得了“水晶盘中一青螺”的赞誉。

明、清时期，江南商品经济快速发展，漕运也发展到一个新阶段，因拥有京杭大运河这一黄金水道而兴旺的苏州，一时间成了全国的经济、文化中心，其地位就跟今天的上海一样。那时候，大大小小的客船、货船南来北往，作为漕河的京杭大运河呈现出一派繁忙景象。浒墅关作为“江南要冲地、吴中活码头”，运河上的船只更是舳舻相接，往来不绝。

于是乎，文昌阁东侧的运河里、周围的弧形河道里，到处都是鼓帆的、停泊的船只，许多船还是三桅船、五桅船，让这里无时无刻不桅樯林立，那白色的船帆和被太阳光熏成褐色的桅杆形成鲜明对照，动静相间；风桅沿运河摆开龙门阵，让原先扁平的水面低空一下“立”了起来，显得层次分明、气韵生动。

据说，清朝乾隆四十九年（1784），第六次下江南的乾隆率领浩浩荡荡的船队行经浒墅关时，游兴大发，下令停船靠岸，并信步登上文昌阁，只见大运河里风帆一片，似乎都为迎驾而来，乾隆顿时龙颜大悦。

乾隆五十三年（1788）
《重修浒墅关文昌阁记》碑

光绪皇帝为文昌阁题写的“天开文运”（复制品）

光绪三十年（1904），光绪皇帝给浒墅关文昌阁题写了“天开文运”四个大字。如今，这御书的复制品还悬挂在文昌阁里。

文昌阁兴建后，浒墅关地区确实出了不少文人。不过，文昌阁还是“武”的成分多一些。太平军占领苏州时期，文昌阁就成为太平军扼守苏州城的北大门营垒。由此可见这一带地理位置的重要。

如今，这里已成为苏州市文保单位，并被修复一新，同时还增建了罗汉殿、华佗殿、孟姜殿等殿宇，雕梁画栋，气势恢宏，大大提升了文昌阁的神韵和气脉。

而文昌阁所在的文昌公园，则是近年新建的生态水景公园，设有望阁台、望湖亭、董汉儒诗刻等景观，突出的是人与自然、人与人、人与建筑、建筑与自然的互动关系。登临而上，虽已看不到风桅，但望着空空悠悠的白云、穿梭往来的千吨铁壳驳船，当年那风桅一片、船上货积如山的壮阔景象，已然在我脑海里跃出。

一旁正在兴建的有轨电车2号线，也将让乘坐者获得当年借力风桅的体验。就这个意义而言，有轨电车2号线不就是当下的“风桅”吗？

“南屏晚钟”，西湖十景之一，不知牵动着多少人的衷肠。历史上，浒墅关的晚钟同样让人流连。“**龙华晚钟**”，浒墅八景中的第二景。这里的“龙华”，指的是浒墅关镇上曾经的龙华寺。

按古时候的地理位置来说，龙华寺坐落于苏州府长洲县“八都九图”；按今天的位置看，则在吴县中学老校区（后一度成为苏州高新区浒墅关中学校址）的西部。只是，岁月无情，如今来到吴县中学老校区，已很难看出龙华寺的痕迹，只有一块龙华寺奠基的大青石，一块放香炉的花岗石，以及三四株合抱粗的银杏树，也许还记得自己与龙华寺一起走过的日子。

龙华寺起先叫广福庵，其历史据说可追溯到唐朝。但根据道光《浒墅关志》记载，龙华寺是宋代宝庆年间（1225—1227）由素定禅师如素建造的。这样算下来，龙华寺已是近800岁的老寿星了。

明代永乐五年（1407），广福庵遭火灾被毁，到景泰年间（1450—1456），由僧人文昇重建。这时候的浒墅关由于设立了关榷，居民越来越多，土地不断升值，寺庙的基址被蚕食了不少。嘉靖年间（1522—1566），浒墅关“特别征税处处长”（榷使）方鹏开始修建广福庵大殿，建造楼阁，还在一旁兴办范文正公（范仲淹）书院，顺势帮助寺庙收回了被侵占的地块。

到清朝康熙二十三年（1684），清圣祖首次南巡，驻跸浒墅关，有个叫超揆的广福庵诗僧（吴门画派巨匠文徵明的玄孙）进献了《梅花百咏》诗，受到康熙的赏赐。皇太子胤礽一轧苗头（苏州话，察言观色的意思），立即拨款重修寺庙。康熙异母兄、裕亲王福全也嗅出了味道，于是赐给寺庙一块寺额，上书"龙华寺"三个大字。从此，广福庵就改称"龙华寺"了。

乾隆三十三年（1768）后，龙华寺僧人恂如再次重修寺院，并增建地藏宝殿等建筑，还建了一幢为皇帝祝寿、举办相关仪式的"仰宸楼"。恂如又请苏州状元彭启丰（1701—1784）写了记文，刻在碑上。

从此，龙华寺香火更为旺盛，本地和外地赶来的香客络绎不断，香烟日夜萦绕在寺院上空。

民国《吴县志》记载，清朝同治七年（1868），龙华寺又进行了重修。民国年间，龙华寺仍为浒墅关镇的繁华去处。每逢春节，浒墅关镇男女老少往往到寺前公园及附近欢度新岁。寺内的银杏树高耸挺拔，虽几次遭遇雷击，却依旧顽强生长、开花结果，一如浒墅关人百折不挠的性格。

对于这样历史悠久的寺庙，文人墨客自然不会吝啬笔墨。比如清代举人朱日望就在《龙华晚钟》诗中写道："依约寒山夜半声，龙华寺里晚钟鸣。粥鱼初静月初上，

龙华寺原址保存的银杏树

龙华寺原址放置香炉的花岗石

木叶渐疏风渐清。响落诸天空万虑，敲残尘梦忆三生。蒲团禅板前身事，认取灵光一点明。”诗中的“粥鱼”就是木鱼，僧寺于开饭或集聚僧众时敲击。好一幅宁静幽邃、充满禅意的风情画！

第三景“**浮桥夜月**”所说的“浮桥”可不是普通浮桥，而是“关桥”，也就是作为关卡的桥。

这关卡创设于明朝宣德四年（1429），隶属于户部，税收多用于支付军事抚赏费用。因刚开始的时候以钞（纸币）缴税，故称钞关。浒墅因扼守要道而被选中建关。从此，古镇的名字就和“关”紧紧捆绑在一起了。

浒墅关官署就在后来的苏州蚕桑专科学校一带，坐西朝东，东侧是上塘街和大运河，河沿边曾有一座花岗石御碑楼，碑上刻有“文武百官军民臣等经此一律下轿下马”的诏令，阳文正楷，十分显眼。关南崇福桥（又名张公桥、张家桥，今作庄家河桥）畔原有茶亭，是供应茶水的地方。

道光《浒墅关志》记载：“浮桥，即关口巨舟也，关以桥为启闭。”也就是说，这座浮桥是一艘巨大的船。

不得不佩服浮桥发明者的聪明。仔细揣摩，这一发明至少有四大好处。

閘亭在關口互見公署

浮橋即關口巨舟也關以橋爲啟閉（凌壽祺浮橋詩）人斲斲舟
招招放關日日當空朝造
舟爲梁始周制榷關一錢資啟閉在昔元置竹木場抽分猶
號竹青塘有明始設閘葑門滸墅巡檢議晨昏景泰建元關
乃立歲歲分司司出入四方賓客斂關來神洲遠物于焉集
厥有賴公榷政仁永通渠開最便民錢鈔差委與專攝內侍
一出恣漁獵南北兩稅重紛更泰昌停一關津亭我朝萬
國梯航聚四海揚舲歸化宇聖人日關藉巡譏裁汰歸
併煩費省大官內府掌職帑兼理榷司之會計舳艫萬里容
萬斛風颿利達好販鬻閘亭巖業搓當河非常既察皆安過
鐵索一聲篙一撩
闕南去看開浮橋

便民橋在關口即永通渠明宏治十二年主事賴先建隆慶三
年許守謙修（舊志）（明陳琦永通渠記）吳郡去城西北一舍許
有名鎮曰滸墅濱臨漕河舟航所聚商賈所通
驛使交馳紛紜塡溢殆無虛時自永樂間通漕以來朝廷設
關津以征商稅每歲必命地官之廉勤幹濟者莅焉于是乎

《浒墅关志》浮桥记载书影

最大的好处，当然是“一个都不能少”地收税。这座浮桥的长度和京杭大运河宽度基本一致，将河面拦腰截断，达到了“一夫当关，万夫莫开”的效果。

缴完税的船放行时，工作人员就用起锚、撑篙的办法，让浮桥在水面上进行顺时针或逆时针旋转，这样桥身和河岸之间就能打开一条水道。凌寿祺的《浮桥诗》最后写：“铁索一声篙一撩，关南去看开浮桥。”这就是对这种开关方式的直接描述。但浮桥不可能为每条船都开一次，否则人力成本太高了，所以当地采用的方式是，收完一批船只的税，浮桥就集中开启一次。

第二个好处，是检查过往船只有没有运输违禁物品，或者窝藏嫌疑人员。

第三个好处，是节约费用。跟造船闸相比，建一座巨舟费用省多了，而且万一以后这关口要撤销，这巨舟还能开到其他地方去，重新发挥作用，不像船闸，废弃后基本就只能荒在那里了。

第四个好处，是为浒墅关增加了一处特殊景观——“浮桥夜月”。深夜来临，热闹了一天的关桥终于恢复了宁静。站在浮桥边，耳畔是细细的拍岸涛声，抬头是当空的皎皎明月，水中还有一轮月亮的倒影，风轻轻吹，酒慢慢品，那是何等的心旷神怡！

那时候，你也许会沉浸于“野旷天低树，江清月近人”的孤独，“举头望明月，低头思故乡”的离愁，但也会体味到“人有悲欢离合，月有阴晴圆缺”的旷达，“月上柳梢头，人约黄昏后”的浪漫。

清朝宣统三年（1911）十月，辛亥革命结束了清朝的统治，浒墅关钞关被裁撤，“浮桥夜月”景观也随之消亡，但夜间行走在浒墅关的大运河旁，涛声依旧，明月依旧，不变的还有我们的千古幽思！

第四景**“渔庄夕照”**里的“渔庄”指的是村庄，地址在原庵桥前，即如今的浒新街俞家（园家）场一带，西面两三百米处就是大运河，明清时分为东渔庄、西渔庄。那时候，浒墅关东片及运河组成大片水网，引得许多渔民和隐士定居于此。

比如精通儒家经典的凌云升，他的宅子就在西渔庄，里面有政本堂、贞木斋。凌云升的子孙凌封祝、凌岂望、凌奎等都住在这里。凌奎还自己画了《渔庄草堂图》，并写了记文，在艺林中传播，数十人进行了题咏，其中包括钱大昕（1728—1804）等著名学者。

还有一对住在渔庄的兄弟叫徐舜惇、徐舜祥，他们善于绘画，以精通“六法”（气韵生动、骨法用笔、应物象形、随类赋彩、经营位置、传移模写）而著名。

渔庄还有多座祠堂、庙宇之类的建筑。比如祭祀西汉丞相陈平（？—前178年）的曲逆侯庙。陈平曾“六出奇计”，为刘邦夺取天下发挥了重要作用。

没有资料证明陈平到过浒墅关，当地为何要给他造庙？分析下来，应该是他的平均主义理念得到了热爱公平的浒墅关百姓的追捧。

陈平小时候曾为乡里分肉，分得很平均，于是父老乡亲纷纷称赞他。他感慨地说："使平得宰天下，亦如此肉矣！"意思是说，要是让他管理天下，也要像分肉这样分得均衡。他的这种理念，正是历代百姓所追求的"公正"。于是，五代时期（907—960）浒墅关的百姓就在渔庄西面建庙纪念陈平，清朝乾隆年间（1736—1795）人们又大加兴修，嘉庆年间（1796—1820）初期再增建了后楼。

再如凌氏家祠，祭祀凌氏先祖、三国时期吴国将军凌统（189—217），宋朝太学博士、教育家凌浩，浒墅关凌氏迁苏始祖、明代处士凌谟等。

隐士在渔庄过着诗酒风流的悠闲生活，渔民们则需要辛劳捕鱼换取粮食、衣物。只有在夕阳西下的时候，跟风浪搏击了一天的他们才会驾着小舟回到渔庄。于是，庵桥、渔庄一带的浜兜水港，随处可见影影绰绰的渔竿网桅投影；渔庄的民居、祠堂等建筑也在夕阳下，向地面投下长长的影子；西面，是如练的大运河、苍翠的远山，远山再西面，是如血的残阳……这幅壮阔的图景，就是"渔庄夕照"景观，让人不由想起马致远《天净沙·秋思》里的妙句："古道西风瘦马，夕阳西下，断肠人在天涯。"

如今，"渔庄夕照"已经因历史变迁而成为遗迹。

第五景叫“**南河榆荫**”。

跟“渔庄”一样，南河也是个重名概率很高的词，全国各地叫南河的地方，比较著名的就有10多处。浒墅关的南河，指的是关卡稍南、运河西岸的竹青塘支河。西太湖水自西向东流到浒墅关镇西四河口处，分成两股水流：一股径直向东流至竹青桥进入大运河，与龙华塘隔大运河相对；另一股与北水南流的青石溪（瓦山港水）合并后，向南经仪桥后再折东至关南，在崇福桥南河口注入运河，这条支河在关卡的南面，所以称南河。

古时候，南河旁长有许多桑树、榆树。榆树喜光、耐旱、耐寒、耐瘠薄，根系发达，抗风力、保土力强，生长快，寿命长，是理想的“四旁”绿化树种。在苏州地区，这种树木大多是野生的，春来萌枝，叶片逐渐长大，绿得醉人，直到深秋才变黄、掉落，一年至少三分之二的时间浓荫匝地。浒墅关南河一带的榆树，就形成了“南河榆荫”的景观，不但美观，而且烈日下可以为人们挡住毒辣辣的阳光，带来阵阵凉意。

明代文人王穉登（1535—1612）《出许市》诗对此做了描述：

> 贡湖出水入瞜地，关南曲水乘榆荫。
> 清波岸滩艄仰天，工师槌音入梦境。

这首诗题目和诗句中提到的许市、瞜地都是指浒墅关；贡湖是太湖的“五湖”之一，即大小贡山一带的太湖水域；关南曲水即指南河。诗中的“工师”是一个多义词，可以是古代的官职，专门掌管营建工程和管教百工等事，也可以指工匠、工程师、乐师。结合前一句的“舴仰天”看，这显然是修船的工匠，他们修船时发出的槌声俗称“花槌”，其音为“笃笃笃笃笃笃笃”，颇具音韵美，催人入梦。

南河榆荫景观因清末至民国时期有人在当地开设船作、砍伐榆树作为修船材料而废。但我想，凭着榆树顽强的生命力，如果不加人为干涉，若干年后，新的榆荫也许又会在那里呈现。

第六景是“**白荡菱歌**”。

唐朝诗人杜荀鹤在《送人游吴》里写道：

君到姑苏见，人家尽枕河。
古宫闲地少，水港小桥多。
夜市卖菱藕，春船载绮罗。
遥知未眠月，乡思在渔歌。

这夜市卖的菱藕，或许就有来自白荡的吧！

白荡位于浒墅关文昌阁南面1.5公里处，离京杭大运河直线距离不过0.8公里。她西接阳东河，南连白马涧，往东在董公堤的余桥口连通京杭大运河，是阳山地区水系的汇集处，水深1.8—2.3米，水面面积0.309平方公里，相当于43个标准足球场大小。这点水面在河湖众多的苏州并不稀奇，但苏州的河湖主要集中在城东、城南，城西北比较少，所以当地人视她为珍宝，把她唤作“大白荡”。

这里的菱被称为“白菱”。道光《浒墅关志》写道：

居人以种菱为业，白菱之名始此。

地方志的记载干净利落，民间的繁复说法却有趣、动人得多：

相传东晋时期道人支遁隐居阳山，号“白马道人”。他的坐骑是一匹白马，很有灵性。一天，白马沿着山涧一路吃草，不知不觉来到一个大湖边，也许是爱上了这片水面，白马情不自禁跃入湖中，痛痛快快地洗了个澡。第二年，这个大湖里突然长出了菱藤，后来开出洁白的菱花，结出了菱角。于是，人们把白马吃草的地方称为“白马涧”，简称“马涧”；白马洗澡的地方称为“白荡”，白荡里长出的菱叫“白菱”。

从植物学角度看，白荡的菱品种是馄饨菱，又称和尚菱，个头不大，四个角，壳薄，颜色绿中带白，菱肉色白，味道鲜嫩。

菱喜欢活水，而白荡的水就是活水，因此这里的菱品质优良。

以前采菱女子多半是小姑娘，她们一边采菱，一边唱曲，白荡水面上飘出的歌声就是白荡菱歌了。白荡菱歌不但吸引了人们的耳朵，也催发了文人墨客的激情，一首首诗作、一篇篇文章从他们的笔下流淌而出，大白荡一带旖旎的自然风光和优美的劳动场景得以生动再现。

后来由于白荡一度成为阳山矿石外运的主要通道，再加上沿湖一度办起了星罗棋布的轧石厂、废塑料加工厂和货运中转场等单位，白荡水质逐渐下降，往来的船只也让菱藤难以生存，白荡变成了“白荡荡”。菱没有了，“白荡菱歌”自然也销声匿迹了。

随着人们认知水平的提高，“既要金山银山，也要绿水青山”的愿景被提出。如今，这里已被改造成大白荡城市生态公园。整座公园陆地面积0.24平方公里，水面面积0.12平方公里，分为生态景观区、休闲活动区、绿化隔离区、商务区、生态水域区五大板块，内有春夏秋冬主题园、白马戏水、夕阳草坡等景观，东吴博物馆、文化碑刻等文化设施。

作为由苏州高新区出口加工区、阳山科技工业园、大新科技园等组成的苏州西部新兴工业城中的“绿肺”，大白荡城市生态公园已重新焕发青春，白荡菱歌正等着后人去挖掘和继承。

第七景叫作“**管山春眺**”。

管山？这是什么山？对了，她现在的芳名叫观山。她西面的盆地里有片考验场，就因山名而被称为观山考验场。苏州数以百万计的自驾一族，大多是在这片考验场上

“过五关斩六将”然后才拿到驾照的。

观山是阳山东北的支脉，呈东南—西北走向，长0.7公里，海拔73米；北峰称凤凰山，海拔97米。

管山是观山的曾用名，其实她还有一个名字叫獾山。三个名称，读音接近，说到底是不同的人用读音近似的字记录同一座山而已。道光《浒墅关志》里又说叫“巏峰”，民国《吴县志》里则说又叫“巏山”。但“巏”字读quán，跟“管”“观”等音就差得比较远了，看来不一定靠谱。

那巏山、巏峰为何又叫管山呢？道光《浒墅关志》记载，相传秦朝时有一个道士叫管霄霞，在这里修炼成仙，于是“巏峰”就改称“管山”了。

但这本志书又载：

（管山）盖阳山之门户，而众山之或起或伏，若由此而收束者然，名之曰管。

也就是说，管山是阳山支脉中离浒墅关集镇最近的山头，从浒墅关集镇看过去，管山像是管住了后面的群山，所以被称为“管山”。看来，将管山跟管霄霞扯上关系是附会而已。

尽管如此，管山还是成了道教圣地，山上山下兴建有多座庙宇、祠宇。比如南面山脚下的东岳庙，庙内有一座喀庄恪公祠，又称爱棠书院，祭祀清代浒墅关“特别征税处处长”喀尔吉善。凡是有好的政绩的历任榷使，也都一起受到祭祀。

东岳庙内还有花神庙，祭祀管理花果之神。

管山来鹤道院旁、吕祖阁下有药王殿，清嘉庆二十四年（1819）与吕祖阁同建，道光六年（1826），榷使延隆重建……

管山地理位置方便，加上山形独特，引得“郡城仕女相约，踏春登巅眺望”（道光《浒墅关志·管山竹枝词》语）。这时只见草木嫩绿，犹如给山体、大地披上了鹅黄色的毯子，黛色或赭色的怪石、远远近近冒着炊烟的村舍，颜色与草木深浅对照，加深了层次感，让人满眼风景，流连忘返。这就是“管山春眺”景观了。

你愿意去那里感受无尽的春色吗？

第八景为**“秦馀积雪”**。

“秦馀”这个地名也是旧称了，是“秦馀杭山”的简称，她现在的大名叫阳山，又名万安山、四飞山、白墡山。

阳山总体呈南北走向，长5.75公里，宽约1.5公里，北部最宽处约3公里。整座山体共有十五峰峦、六岭、六坞、三涧、四岩、七泉，具体名称多得连当地人也不一定叫得全，诸如箭阙峰、白莲峰、白鹤峰、象鼻峰、启龙峰，白墡岭、金芝岭、耙石岭，白龙坞、金牛坞，文殊岩、虎头岩、滴水岩，龙湫泉、云泉、龙井泉、茶坡泉，白马涧、大静涧、上清涧等。

从京杭大运河望去，阳山蜿蜒绵亘，起起伏伏。那伟岸的身躯犹如一道绿色的屏障、一块硕大的墨玉，为苏州古城遮挡寒冷的西北风，那种甘愿奉献的精神，令人敬仰、动容。道光《浒墅关志》对此称："阳山为吴之镇。"

箭阙峰是阳山的主峰，又写作箭缺峰，海拔338.2米，比太湖东岸第一峰穹窿山笠帽峰只低3.5米，不过1%的比例，那点差距，肉眼根本看不出来。相传，秦始皇南巡时路过阳山东面，发现箭阙峰里有王气，怕有人称王造反，天下不太平，就对准箭阙峰放箭"破"王气，箭头射残的山头，就被人们叫作箭阙峰了。

这当然只是传说而已，无非山上那个口子的形状像弓箭射出的缺口而已。但爬到山顶就会发现，那口子的尺寸达10来米，比两辆家用轿车长度还要长，秦始皇真要在坚硬的岩石上射出那么大的口子，用的哪是弓箭，至少得是火箭炮吧！

阳山一年四季主要有四种颜色：一种是春夏秋三季绿树花草的绿色，二是冬天落叶的枯黄色，三是开山宕口裸露山体呈现的正黄色，四是较为罕见的白色。

仔细分来，这白色又有两种，一种只有在下雪后才会出现，那是覆盖在山体上的积雪；另一种一年到头都有，那是裸露于地表的白泥矿。

随着气候的变暖，苏州下雪的时候越来越少，阳山上积雪的机会也越来越少。但如果碰巧，还是能一饱眼福的。2018年初，阳山就洁白了一回。那一次，在呼啸的寒风中，雪花漫天飞舞，悄然落在树枝头，落在岩石上。一开始，树木和地表积蓄的"能量"融化了雪花，枝头潮了，地表湿了，雪花却不见了。但渐渐地，树木和地表积蓄的"能量"耗尽，雪花矜持起来，以岿然不动的姿态站立在枝头，站立在石上，森林慢慢变得绿白相间。远远看去，整座山体犹如一个巨大的育苗盘，底部铺着洁白的薄膜，树木顶破薄膜，奋力向上生长，那生命的力量让人血脉贲张。走近山体，积雪厚重的地方，宛如洁白无瑕的美玉，看得人怦然心动。

这幕难得一见的景象，就是"秦馀积雪"了。

秦馀

清王士祯曾作《浒墅舟中眺阳山残雪》诗，来描绘“秦馀积雪”的壮美景象。诗云：

日出阳山外，参差见几峰。
依稀露烟霭，窈窕明云松。
忽忆梅花发，清溪深万重。
扁舟欲乘兴，杳杳暮天钟。

雪后天晴，气温逐渐回升。但当地面上的积雪、其他低矮山丘上的积雪已经融得差不多的时候，阳山上的积雪依然依偎在森林、岩石旁。这是因为，海拔每增高1000米，气温就会下降6℃，阳山高处海拔超过300米，气温比地面温度低2℃左右，积雪融化当然要慢一拍。

阳山的另一种“积雪”——白泥，就是高岭土，是上好的建材、陶瓷原料。这里高岭土蕴藏量巨大，其中特大型矿有观山矿、戈家坞矿，大型矿有阳西矿、阳东矿。最大的观山矿位于观山附近，矿区长约2500米，宽约1400米，面积达3. 52平方公里。

白泥一年四季扎根在阳山上，虽然没有覆盖整座阳山，但也是一道风景，成为“秦馀积雪”胜景的补充。

除“秦馀积雪”外，阳山还有众多古迹。

比如峰巅原有浴日亭。每年农历九月三十，浒墅关地区的人们习惯登临这里，观看“日月同升”的奇景。

比如有澄照寺（白莲院）、灵济庙（白龙母庙）、半山寺（源隐庵）、凤凰寺、文殊寺等寺庙，阳山因此获得了“吴中普陀”的美称。

山脚下的“干遂”还是吴王夫差被擒处。夫差应该就是在阳山一带伏剑自杀的，强大的吴国就此灭亡。

每一座山岭、岩崖都是一道景观，每一汪泉水、每一处古迹都有传说……阳山的风景太多，阳山的人文太厚，阳山这本大书让人百读不厌。

近年，这里建设了大阳山国家森林公园。太湖大道等道路、有轨电车等交通设施，保证了人们的顺利到达。更值得夸耀的是，节假日里，当蜂拥而至的游客把一些传统景点挤得水泄不通的时候，这里依然给人舒适的游览体验。

这里还建设了苏州首家对外营业的地质温泉——位于观山南麓的阳山温泉度假山庄。苏州乐园也开始移建到这里。今后，阳山一定更加好玩。个人以为，如果能在开发建设中，利用高科技展现“秦馀积雪”景观，必将进一步提升阳山的当代魅力。

阳山常云峰文殊殿雪景

## 听唱新翻杨柳枝

“八景”只是古人为凑个数字而选择性归纳出来的，其实，浒墅关地区值得一书的景观远不止八个，兰风塔院等寺庙，文正书院、锦峰书院等教育机构，兴贤桥等古桥古渡，董公堤等古堤古亭等，都应该镌刻在悠长的时光隧道里。

兰风塔院

寻一处清幽之地放松身心，觅一方庄严去处洗涤心灵。太湖大道、建林路交叉口西南面，马涧路南侧，鹿山北麓的兰风塔院，就是这样的理想去处。

这里，古典建筑与江南园林组合；这里，历史文化与现代生活呼应。

鹿山，相传是春秋时期吴王养鹿的地方，位于苏州高新区浒墅关、枫桥和吴中区木渎三镇（街道）交界处。从天池山（花山）向北翻过贺九岭、王（皇）宴岭，就可到达鹿山。

兰风塔院原先位于阳山南部的耙石岭（新民公墓东面、象山西面）下，现移建至鹿山。这座塔院原名景福庵，始建于元朝大德年间（1297—1307），至今已有700多年历史，由僧道宏兴建。后来为纪念明代后期的兰风禅师，改称兰风塔院。

1926年5月30日，近代名士、中国国民党元老、朱德恩师李根源一路风尘，踏进兰风塔院，看建筑，抚碑刻，并在《吴郡西山访古记》中做了忠实记录。

抗日战争期间，兰风塔院被毁，2001年由法航法师主持在鹿山重建，有山门、天王殿、大雄宝殿、观音殿、地藏殿、财神殿、藏经阁、诵经堂、鹿苑、客堂、钟楼、缘中园等建筑。

兰风塔院标志性建筑是位于半山的景福钟楼，为三层歇山式建筑，飞檐雕栋，楼内第二层置有重达6081斤的唐式古铜钟一口，为仿照清乾隆年间景福钟重铸。每逢佛教纪念日及传统节日，景福钟楼敲响祈福钟声，那悠悠钟声，穿越山体，穿越空间，再度与流淌千年的京杭大运河水同呼吸，共命运。

## 浒墅文庙

历史上，浒墅关曾有一座文庙。这是由浒墅关“特别征税处处长”方鹏创建的。

本来，文庙都是建造于郡城、县城的，浒墅关不是县城所在地，更不是郡城，怎么也建文庙呢？状元石韫玉在《重修浒墅文庙记》中给出了答案：浒墅“烟火万家，虽在郊垧之外，其景物繁昌，与郡县等”。

正是这种等同于郡城、县城的繁华，让浒墅关这个集镇拥有了“高配”的“文化设施”。

先是方鹏在浒墅关大运河之西、浒墅镇关署西北南津桥弄创立义学，基地六亩三分一厘，让贫寒读书人接受教育；同时在义学旁建庙祭祀孔子，这座庙，就是浒墅文庙了。

道光《浒墅关志》图录部分收录的浒墅文庙图（见200~201页），打开了了解当时浒墅文庙布局的窗口。在这张图上，浒墅文庙分南北两个院落，南面的院落又分成东、中、西二、西一四路。其中东路从南到北有方公祠、文星阁；中路从南到北依次有泮池、棂星门、大成殿；西二路从南到北有下马碑、明善堂、崇圣祠，西一路有节孝祠。北面的院落有赵公（南宋中期定城知县赵用）墓、拜台。围墙东面还有泮泉，南面则有下马碑两块和龙泉。

清朝咸丰十年（1860），浒墅文庙毁于太平天国战争，战后重建。1920年，浒墅文庙被用于开办小学，后逐渐演变成浒墅关中心小学，门牌号是浒墅关上塘南街27号。2015年浒墅关中心小学搬迁后，这里成为空地。

2016年初，当地因平整土地而发现赵公墓遗址，现场还发现了一部分清代金砖。金砖是古时专供宫殿等重要建筑使用的一种高质量的铺地方砖，因质地坚细、敲之若金属般铿然有声得名，文庙有殿宇，自然有资格铺设金砖了。

## 文正书院

文正书院是以北宋名臣、苏州人范仲淹的谥号命名的书院。

书院，苏州旧式教育机构之一，始创于南宋，经费最初由创建者捐资，后来往往以学田所收租米冲抵。学习内容以经学为主，兼学古文、制艺时文（科举文章），发展到后期，又兼学历史、舆地、说文、算术、金石等，掌教人员大都是深孚众望的学者。如今，书院因具有传承传统文化的功能而受到关注，一批书院重现江湖。

我是怀着对范仲淹的崇敬心理，去探究浒墅关文正书院的前世今生的。这座书院位于八都九图，原广福庵左，用今天的方位看，就在浒墅关集镇大运河东侧郝家弄中。它始建于明代嘉靖十年（1531），全称为“浒墅关镇宋范文正公书院”，简称“浒墅关文正书院”或“浒关文正书院”，俗称“新文正”，主要供秀才们继续学业、学习先贤。

这座书院的创建人也是浒墅关榷使方鹏。明崇祯十七年（1644），范氏子孙范可维在这里增建三太师堂，清康熙四十二年（1703）重修。乾隆八年（1743），范氏子孙大同、瑶在书院旁修筑义塾。所谓义塾，是旧时由私人集资或用地方公益金创办的免收学费的学校。

书院属于半民半官性质的地方教育组织，学生分两类：已进学的秀才，为参加乡试进行准备；州试合格的童生，常年在书院学习，准备应考秀才。义塾则面向普通求学者，受众面更广。范大同、范瑶在书院旁修筑义塾，应该是受了范仲淹“先忧后乐”思想和仁人志士节操的影响。

浒墅关的文正书院，清朝嘉庆十年（1805）又进行了重修（《浒墅文正书院全图》见202页），咸丰十年（1860）毁于太平天国战争，地块上后来建造了吴县中学及居民住房。

历史上，浒墅关还曾有锦峰书院、介石书院、达善书院、河东书院、万安书院、文星书院、桑公书院、养正社学、浒墅乡塾等教育设施。清末以来，这里又陆续开办了苏州蚕桑专科学校、浒墅关中心小学、吴县中学、浒墅关中学、苏州幼儿师范学校、苏钢技工学校、苏州市造纸职业中学、阳山实验学校、敬恩小学等大学、中专、中小学校。一个镇拥有如此多的学校，即便是在教育发达地区苏州，也是不多见的，问“渠”哪得清如许？为有源头活水来！

## 古桥古渡

大运河两岸浒墅关段居民众多，河港纵横，又是古今水陆交通要津，居民商旅，来来往往少不得桥梁与渡船。

在道光《浒墅关志》上，浒墅关光大运河两岸的集镇上就有29座桥梁。民国时期，浒墅关地区共有各种桥梁120多座。这些造型各异的大桥小桥，将浒墅关连成一个整体，让这里成为名副其实的“桥乡”。

江南古镇往往以“小桥流水人家”的风貌著称，浒墅关由于宽阔的大运河穿镇而过，集镇及周边地区的主要梁桥如兴贤桥、南津桥、北津桥等，都建得雄伟高大。它们犹如长虹卧波，横跨在浒墅关大运河面上，成为苏州古城西北一道独特的风景。

兴贤桥在浒墅关关卡南面，是当地的交通枢纽。传说当年孟姜女过关受阻，曾夜宿兴贤桥上。由于孟姜女身世太苦，就连她身上的血也是苦的，蚊子都不叮她，结果蚊子都饿死了，所以兴贤桥、文昌阁一带后来就没有蚊子了。

其实，这个故事只是表达人们对孟姜女的同情而已，秦始皇的时候，兴贤桥根本还没建造。这座桥是明朝后期由浒墅关“特别征税处处长”施重光倡建的，建成年份是明朝万历三十一年（1603）。当时的兴贤桥“广可四轨，崇若干尺”。“轨”是车子两轮之间的距离，“四轨”就是“四车道”。虽然当时的车道比现在窄，但古代建桥不易，桥梁拥有“四车道”已经是非常宽了。

后来兴贤桥几度重建、重修。清末至1968年的兴贤桥为花岗石质拱桥，高度在9米上下（从水面算起），接近苏州盘门外吴门桥的高度，在京杭大运河上也算得上比较大的桥梁了。

原兴

2018年3月的兴

1969年，兴贤桥被改建成12米宽的公路桥，1995年重建为公路大桥。

如今，这座桥又重建一新，取名兴贤大桥，总宽度达40余米，双向6车道桥面，全长500多米，是沟通运河两岸浒墅关镇和浒墅关开发区的重要纽带。

南津桥又名南新桥，在浒墅关关卡北面，原南津弄口，一名“中津桥”，始建于明朝成化年间（1465—1487）。

津是渡口的意思，从名字看，此桥当建于原先是渡口的地方。

清康熙五十八年（1719），南津桥进行重修。近代的南津桥为花岗石质月洞形桥梁，1969年拓宽运河时，南津桥向南移建至毛家弄口（移80多米），改建后为水泥墩拱形赵州桥式的人行桥。1994年再改建为单车道框架型水泥桥，桥宽9米，跨度75米。

在苏南运河“四改三”（四级航道改建为三级航道）过程中，南津桥再度于原桥位置南侧30米处改建，工程于2014年4月开工，2016年6月完工，桥型为矮塔斜拉桥。这次改造，南津桥体量再度升级：全长增加到了590米，宽度增加到了30米，通航净宽达到80米，净高为7米。

北津桥又名北新桥，在南津桥北，跨于北津弄口，本名为普思桥，始建于南宋庆元三年（1197），明朝弘治九年（1496）关主事刘焕重建，明朝状元、礼部尚书吴宽曾作《普思桥记》。北津桥原与南津桥为同一类型的桥梁，1969年拓宽运河时向北移动50多米至竹青塘弄口，为双曲拱人行桥，同新建的浒新商业街形成一线，更名为“浒墅关大桥”。

随着国民经济发展，京杭运河苏南段全面整治，浒墅关大桥于1992年拆除，次年3月在原址重建三跨连续梁公路桥。桥长325.46米，宽10米，共13孔，中孔64米，主桥梁用先南北向浇筑，然后旋转九十度变成东西向合拢的新工艺施工。这样施工的最大好处是不影响河道通航，但由于桥体重达1200吨，要转上九十度，可不像向左转、向右转那么容易。经过540天的奋战，这项工程最终于1994年10月大功告成。

这里还有崇福桥，位于原关卡南面运河西岸火神庙处，俗称张家桥，又名赵王泾桥，今已改建，取名庄家河桥。

民国时期的浒墅关北津桥

还有竹青塘桥，位于原关卡北镇区中段原盐公堂畔（港监处），跨竹青塘河，始建于清朝嘉庆五年（1800）。

还有龙华桥，位于大运河东侧，跨龙华塘，跟竹青塘桥对应，桥宽6.7米，高5米左右。龙华塘水注入运河，形成南北流向的大运河与东西流向的竹青塘水（西太湖出水口）、龙华诸水相交的十字交汇格局。

还有彩云桥（这跟横塘的彩云桥是两座桥）、胡匠桥（和祥桥）、便民桥……让人数也数不过来，浒墅关人为建桥付出的人力、财力，就更难以计算了。

浒墅关地区原先众多的渡口，则因桥梁的兴建、公路的发展而悄然退出了历史舞台。

2018年3月的北津桥

这里原先有十里亭渡口，古称“射渎渡口”，明申时行《浒墅关修堤记》写道：“一时行者负者挽舟而过。”可见这里最迟在明代时已成渡口。1990年312国道长浒大桥建成后，这一渡口被裁撤。

这里还曾有三里亭渡口，始建于清乾隆年间（1736—1795），1992年被废；还曾有金鸡心渡口、龙华渡口、蚕校渡口……甚至还有不少简易渡口，摆渡工具仅为一只菱桶（椭圆形木桶），只容一人，小河两岸各有绳索拴系菱桶两端，乘坐者自行牵拉，主要供各村组村民使用。

到1995年，浒墅关地区的渡口已全部撤销，那些渡口的名字，成为一种历史记忆，被记录在地方志和其他书籍里，供人们查阅和回忆了。

如今，站在南津桥南侧河边向北望去，南津桥、两座新建景观桥、北津桥、苏钢桥等五六座桥梁密密匝匝、挤挤挨挨，美轮美奂；向南望去，又有兴贤桥、长浒大桥等三四座公路桥。它们尽管都是新桥，少了一点古韵，但比古桥更雄伟，更壮观，颜色也不尽相同，就像五彩针线一样，将大运河两岸紧紧地连接、融合在一起；穿梭于桥上的车辆、行人和桥下的船舶，汇成一支雄壮的进行曲。

大运河西面，还有新建的有轨电车2号线高架桥，中环快速路高架桥也从这里穿梭而过。

这是时代前进号角的交通篇章，这是浒墅关地区小康建设的一个缩影。

## 古堤古亭

在地势低平的水网地区，但凡两岸有人生活、居住，河道沿岸往往会筑堤。堤者，用土石等材料修筑的挡水高岸也。

京杭大运河穿越浒墅关集镇而过，两岸的堤岸被称为董公堤，现名枫桥塘。

叫董公堤，是因为这两条堤岸的建造者、修葺者都姓董。

先是明朝嘉靖二十二年（1543），浒墅关“特别征税处处长”董子策（字元正，南直隶合肥人，进士出身）捐资营筑了一条长20里的长堤纤路，从浒墅关庄家河桥一直通到枫桥铁铃关前的运河西侧塘路上，成为“滨旅、涉纤者孔道”，也就是供行人、纤夫行走的道路。

53年后的万历二十四年（1596），又一位姓董的浒墅关“特别征税处处长”董汉儒（字学舒，北直隶开州人，亦为进士出身），也许是觉得前面已有“本家”奠定了基础，自己不能丢董姓人的脸，于是对地形洼下而且已经上了年纪的堤岸进行了重筑、修葺。

重修堤岸时，还有一位姓董的名人——著名书画家、后成为南京礼部尚书的董其昌可能出于“同姓是一家”的想法，帮着写了篇《浒墅关重修董公堤记》，被收录在道光《浒墅关志》里。

如今的董公堤

我不知道，当年的董公堤是怎样一个样貌。幸而通过凌寿祺的《董公堤》一文，彼时堤岸车水马龙、花映柳波的美丽景象跃然眼前：

虎嘐南畔郡城西，遥亘晴空万丈霓；同姓人俱传直隶，异时巧合在长堤。六桥花柳穿明镜，七里杨台映碧溪；何以河干资利涉，往来络绎度轮蹄。

1950年，政府出资重修董公堤，用煤渣铺设路面。20世纪90年代后，随着公路的发展和船舶的机动化，董公堤上已无旅客、纤夫，部分道路被企业占用。如今，经过重修、整治，董公堤北段已基本恢复原状，有木栈道、水上驿站、董岸聆翠等景点，成为人们休闲、放松身心的理想去处。

历史上，为方便通行，董公堤沿途跨越河荡港汊的地方还配套建造了高奈（射）桥、射渎桥、横浜桥等七座石板桥梁，同时盖建了两座供过往行人歇息的亭阁。这两座亭阁因为离浒墅关关卡分别有三里路、十里路，所以被称为“三里亭”“十里亭”。

其中，三里亭原名于止亭，由清乾隆年间苏州城里人陈玉林创建，后毁于太平天国战争，同治六年（1867）由里人聚资重建，为纪念同治年间到任、爱民如子的长洲（当时浒墅关属苏州府长洲县）知县蒯德模，此亭就一度改称为蒯公亭了。

这座亭子长3.2米，宽3.25米，柱础方形，花岗石质，单檐歇山造（式），临河柱面镌有阳文正楷楹联：亭棠甘人思召伯，桥垂柳荫名继公。此亭现为苏州市文保单位，于1997年被围建于维德集团建筑群内。

董公堤北面的浒墅关集镇上，分别有上塘街、下塘街，明清时期被通称为佘公街，这也是以姓氏来命名的。原因要从明朝嘉靖四十二年（1563）说起。当时的浒墅关“特别征税处处长”佘立（广西柳州人）看到浒墅关街坊每逢下雨天，必受水淹“潦泼”，于是捐资购买砖头石块修筑上塘街、下塘街街面，从此两条街被百姓称为“佘公街”。当地文人施霖还撰写了《佘公街记》以纪念佘立的功绩。

民国二十一年（1932）之前，浒墅关市街路宽一般只有2米左右，后拓宽至4米。民国二十一年，上塘街道改称上塘大街，南起张家桥（今庄家河桥），北至下纤埠头，沿大运河构筑。街面两侧均为商贾店铺，全长1500米。中华人民共和国成立后，经两次拓宽改造，至1993年，上塘大街已改成沥青路面，路宽8米，并向南北延伸，南至兴贤桥堍，北至南庄新村，全长2000多米。

下塘街道于民国二十一年同时改称下塘大街，与上塘大街隔河平行，南起和祥桥，北至红叶纸厂，全长1500米，上、下两侧也均为商铺。奇的是，一般的集镇上，通常将商业兴旺的街道命名为上塘街，浒墅关却倒过来，下塘街为镇上主要商业街道，至少民国时期至1969年是如此。可惜的是，在1969年的运河拓宽中，下塘街沿河街面房被拆除，下塘大街就此衰落，其地位逐渐被东西向的浒新街所代替。1999年，下塘大街从食品站（杀猪作）到苏钢厂段，改建为花岗块石路面，全长2000余米，路宽8米。

2009年7月，浒墅关开发区启动大运河西侧的上塘片老镇改造；2011年，浒墅关镇也启动大运河东侧的老镇改造工程。上塘街、下塘街将在这规模宏大的改造中，再度换上新颜。

### 大墓处处

浒墅关一带自古就是有山有水的好地方，因此吸引了众多百姓定居和营建阴宅（坟墓）。作为吴文化考古重大收获的真山大墓，就是一个典型例证。

真山位于浒墅关、通安交界处，312国道西南侧。汽车沿312国道苏州—无锡段行驶，不难看到这座山丘。它古称甑山，因山巅有状如瓦甑的穴而得名。山体由火山岩构成，分西、中、东3座小丘。其中主峰（海拔76.9米）和西面的小丘合称大真山；东面小丘称小真山，海拔32.8米。

1992年11月9日，真山采矿二厂在小真山开山时，发现一座古墓。得知消息后，南京博物院、苏州博物馆成员及时组成真山考古队，对古墓进行抢救性发掘，同时进行全面考古调查，结果竟然在真山发现了57个土墩。其中小真山6个，大真山51个。

小真山的6个墩中，D1号墩墓室修建得非常规整，而且规模宏大，出土的青铜鼎、铜戈、铜剑、铜灯、玉璧、玉扳指等文物看得人眼花缭乱。它们都极为珍贵，特别是一件猴钮的铜盉（残片）十分罕见，墓主没有一定级别，墓是不可能出土此类文物的。同时出土的还有一枚铜印，印文被一些专家认定为“上相邦玺”。由于春申君黄歇担任过楚国的相，封地又在吴地，该墓又是战国墓，因此有专家认为，小真山的D1号墩为春申君之墓。

大真山共抢救发掘了4个墩，其中D9号、D16号、D32号墩均为东周墓。等级最高的是位于山顶的D9号墩，封土从墓底至顶部约8.3米，相当于农家两层小楼的高度；顶部东西长达26米，南北宽约7米；底部东西更长达70米，南北宽32米，比5个标准篮球场还要大；墩内墓葬凿山为穴。堆这么多的土，土源可能还来自山下，又要在岩石上凿穴，这在当时是多么不容易的事啊！考古专家透露，就规模而言，该墓为目前苏州地区考古发现的最大墓葬。

D9号墩虽曾被盗，仍出土遗物12500多件，包括玉覆面、玉瑗、玉璧、玉扳指等，由玛瑙管、玛瑙珠、水晶珠、绿松石珠等构成的串饰，绿松石贝，原始瓷盖碗、罐，印纹硬陶瓮、罐等。残存的七层棺椁漆皮证明，D9号墩内的棺椁为七棺二椁，这可是诸侯王的规格啊！

难怪有专家认为，D9号墩应该是春秋时期某个吴王的墓。

其实，浒墅关的墓葬远不止真山一处。比如真山东北面1.5公里处的白豸山（白石山，古称“胥女山”），道光《浒墅关志》“冢墓”部分有“吴王不审名（不清楚名字）冢在这里”的记载。

阳抱山除有三国时期著名清官陆绩，元代诗人、画家朱德润，明末清初著名思想家朱柏庐等人的墓外，也发现过疑似吴王墓。

阳山东麓的俞墩发现过商代（约公元前1600年—约公元前1046年）晚期的马桥时期墓葬，这时期的墓葬在苏州地区还是首次发现。

由浒墅关一地就吸引这么多人营建阴宅不难发现，苏州高新区在过去就是真山真水、安居栖身的好地方。高新区今天能成为科技人文的新天堂，离不开当代高新区人的智慧和汗水，也离不开过去的深厚积淀。

秦余杭

漕江钞关风情图　张金水绘

## 第二节　钞关往事

苏州旧有“六门三关”的说法。其中，“六门”一般认为指的是阊门、胥门、盘门、葑门、娄门、齐门六座城门；“三关”指的是从阊门至枫桥铁铃关沿古运河（枫桥塘）一线的金阊关、白虎关和铁铃关。这三座关都是为抗击倭寇而设立的，其中金阊关在今姑苏区上塘街普安桥堍，白虎关在今枫桥路下津桥东之白莲桥堍，铁铃关在枫桥古桥东堍。

但民间往往用浒墅关代替金阊关。吴地更有俗语称：先有浒墅关，后有苏州城。这虽然只是说说而已，但也可见浒墅关在吴人心目中的地位。

浒墅关的关，其实不是为抗倭设立的关隘，而是为收税设立的关卡，创设时间是明朝宣德四年（1429）。

## 设关年份四百余

在浒墅关设钞关是很有眼光的。因为浒墅关依傍作为漕河的大运河，交通便利，号称“十四省通衢之地”，北方的棉花、小麦、杂粮，南方闽广的海货，苏杭嘉湖的丝、棉织品和其他手工业品，大批大批地经过这里，在这里收税，那真是件“赚钱不吃力”的好买卖。

当然，这个关的“成长”过程并非一帆风顺。明正统六年（1441），年幼的浒墅关钞关就被撤销了。景泰元年（1450），经户部尚书金濂建言，这一钞关才恢复设立。为此，户部主事王昱在“长洲县二都六图”建关署“明远楼”。这二都、八都啥的，其实并不远，就隔了条大运河，河东是八都，河西是二都。浒墅关的关署就在后来的苏州蚕桑专科学校校门口一带。

成化年间（1465—1487），浒墅关钞关又撤销和恢复了一次。

万历二十九年（1601），朝廷又在浒墅关钞关北面设置税务机构，具体位置在今天的北津桥，被称为北关。一个镇竟然有两个关，足见这里过往船只之多和行进方向之多元了。到泰昌元年（1620），北关停革，浒墅关钞关则一直“活”到了清末。（《浒墅关署图》见203页）

## 年收白银天文量

作为“中央财政部”（户部）的派出机构，浒墅关钞关行政级别不低，一把手“榷使”（用今天的话来说可以称“特别征税处处长”）为正六品官员，而浒墅关的上级行政单位长洲县县令反而只有正七品，长洲县令“车队”碰到“特别征税处处长”，还得在“肃静、回避”声中让对方先行呢！没办法，谁让这钞关有个牛“爸爸”呢！更何况，钞关每年要帮“中央财政部”征收大笔真金白银，仅浒墅关这个点，一年就要收个一二十万两到三四十万两银子，多的时候甚至达到五十万两，想想《红楼梦》里刘姥姥拿到二十两银子就说，够庄稼人家过一年了，那几十万两银子，简直就是天文数字啊。这样的收税“先进工作单位”“皮夹子”，朝廷怎么能不重视呢？委派的官员，怎么能不好好考虑他们的级别问题呢？

当时钞关是根据来往船只的载重量、所载货物和路程远近等折银收钞的，不同时期做法可能并不统一。据说有一个标准是，宽五尺的船每条收钞标准是十贯（一贯就是一千个铜钱）；六尺的船每条收钞标准是二十贯；一丈、一丈四尺的船每条收钞标准分别是八十贯、二百贯，等等。然后按每贯三厘的标准收钞。

而五尺以下的小船，可以通过钞关西面的永通渠通行。

永通渠原先并不存在，是明代弘治十二年（1499）浒墅关“特别征税处处长”赖先组织开凿的，北自竹青塘桥起，南至张家桥（今庄家河桥）。

为啥要开这条小河？原来，浒墅关浮桥白天视情况开启，晚上则关闭。那万一过往船只要送重病患者看医生，却碰到浮桥紧闭，岂不要误了病人性命？赖先是个爱动脑筋的官员，到任不久，就发现法律规定五尺以下小船过关不用缴税，放行时没必要跟缴税船只捆绑在一起，就组织开凿了永通渠。为保证河道的牢固，渠的两岸还都砌上了石驳岸。因为只允许不缴税的小船过往，所以河道宽度也仅六尺有余。开通后，农民、工人、渔民、樵夫、婚丧人家、过往行人等可以不分昼夜通行，都觉得很方便。

## 收税团队分工明

为确保完成收税任务，“特别征税处处长”手下组建了一个庞大的团队，明代在岗的就有上百人，清代进一步增加到120多人。每个成员都有自己的分工。比如府吏负责收掌文卷，县吏负责填写簿票，老人负责开闭浮桥（即水关），民快负责夜间巡更看守库藏等，总甲负责巡逻陆路水域……

虽然组织机构完善、分工明确，但浒墅关钞关油水足、诱惑大，如果要从中作个弊，比如征税人员少收过往船只的银子，让过往船只拿出少收额度的一部分孝敬自己，那还是很容易的。对此，朝廷采取了三条措施加以防范：

一是选拔品学兼优的人充当榷使，像明朝的榷使大多是进士出身；清朝顺治、康熙年间，还以满族、汉族的高级官员和笔帖式（掌管翻译满、汉章奏文字等事的人）成员到钞关治理。分析下来，当时的朝廷之所以要这样做，是因为当权者认为，就总体而言，学问高的人廉耻心会强一些，贪赃枉法的事就会少做些。

二是控制榷使任期，以免时间长了跟纳税人“结块”。从浒墅关的记录情况看，前期的376年间共有榷使359人次，平均任期只有一年略多，两年以上的已难得一见，只有乾隆时的满人图拉做了12年，是任职时间最长的一位。

三是比照选派地方官条例，实行回避制度，浒墅关的榷使决不用苏州人，以免官员碍于情面，少收亲戚朋友的税。苏州人要做官可以，请到其他地方去。

由于收银方面政绩突出，在浒墅关钞关上历练过的官员，被提拔的不少，据说有两个榷使后来做到了尚书，相当于今天的省部级干部。如果专家学者好好挖掘、研究一下浒墅关榷使们的生平、经历、后来的履新情况，以及他们在浒墅关的所作所为，应该是一部很好的纪实文学。

尽管浒墅关钞关的衙门、浮桥都已不复存在，但回望那段历史不难发现，钞关的设立对浒墅关影响至为深远。可以说，浒墅关因钞关而兴，因榷使们的惠政而旺，比如方鹏在浒墅关建文庙和范文正公书院，董子策、董汉儒修筑董公堤，佘立修筑佘公街……这些惠政让浒墅关有了更好的发展环境，于是这里商贾更加云集，贸易更加繁盛，让浒墅关一度成为“吴中第一镇”。

## 第三节　陌上蚕桑

新陈代谢，自然之道。

当钞关和钞关文化成为过去，近代蚕桑文化又在浒墅关镇运河两旁崛起了。

中国是丝绸的故乡。1926年在山西省夏县西阴村发掘到半个蚕茧，考古学家李济和昆虫学家刘崇乐经研究，断定其为桑蚕茧，被用锐器切去了一部分，证明当时的人已开始利用桑蚕茧。西阴村遗址所处的时代为仰韶时期，距今已有5600—6000年历史。

苏州是著名的丝绸之府，“日出万绸，衣被天下”。这里有吴楚争桑的故事，有南宋诗人范成大“采桑时节暂相逢”的诗句，有苏州织造府，有凭《耶稣像》获巴拿马太平洋万国博览会金奖的刺绣大师沈寿，有见证近代中国蚕丝业兴衰的江苏省立女子蚕业学校，有被称作“当代黄道婆”的著名蚕桑专家费达生，有国内第一家国家级丝绸大学苏州丝绸工学院，有振亚丝织厂、东吴丝织厂，有国内第一家丝绸博物馆苏州丝绸博物馆……

直到今天，丝绸仍是苏州的重要产品，也是苏州形象的典型代表。就像专家所说的那样，丝绸之于苏州，就像香水之于法国、钟表之于瑞士。

这样的美誉，离不开坚实的产业基础。

自古以来，苏州就有种桑养蚕的传统。不要说靠蚕桑吃饭的从业人员了，就是孩子们也都喜欢养上几条蚕宝宝，给它们喂桑叶，听那沙沙的细微啃食声，看它们快乐成长。

这些年，随着“一带一路”倡议的提出，“丝绸”重新成为热门话题。全国各地对丝绸资源的挖掘和利用力度越来越大，浒墅关的蚕桑文化，也再次进入人们的视线。

## 独领风骚一世纪

清末以前，浒墅关镇并不以经营蚕桑事业著称。

在道光《浒墅关志》中，浒墅关的物产不提蚕桑，却对草席大书特书：“席出各乡村，吴中草席自昔著名天下，浒墅乡村妇女织席者十之八九……席机之匠惟浒墅有之，南津、北津、通安等桥席市，每日千百成群，凡四方商贾皆贩于此，而宾旅过关者，亦必买焉。”这就是说，当时浒墅关的农家副业主要是织席而非养蚕。

到了清末，这种情况开始变化。民国《吴县志》记载：“光绪之季，长洲西北境与无锡、金匮接壤乡民，见其利薄，相率栽桑、饲蚕。”当时的浒墅关管辖范围很广，所在地正属长洲西北境与无锡、金匮（今已并入无锡）接壤处。也就是说，浒墅关一带是从清朝末年才开始正儿八经栽桑养蚕的。

从民国开始，蚕桑业更如雨后春笋，在浒墅关得到了爆炸式增长。当地建造了一大批蚕种场，种桑养蚕的人越来越多，培育的蚕种行销海内外……独领风骚的时间持续了一个世纪。而这一切，源于一所蚕桑专门学校——江苏省立女子蚕业学校的落户。

## 专门学校育人才

1912年，江苏省立女子蚕业学校扎根在了浒墅关这块丰沃土地上。

这所学校的前身是上海私立女子蚕业学堂，1904年由报业巨头史量才（1880—1934）在上海西门外高昌庙桂墅里创办。

清宣统元年（1909），江苏谘议局决议，在苏州开办江苏省立女子蚕业学堂，而此时史量才正把事业的重心转到《申报》上，他的妻子又在待产，无暇管理上海私立女子蚕业学堂的日常事务，1910年，夫妻俩决定将这所学堂归并给官方。于是，这所学校就“改组”为江苏省立女子蚕业学堂了。

也许是觉得学校原址地理位置不太适合，或者是发展空间不足，官方决定另行建造一个新校区。《苏州史志资料选辑》第五辑记载，1911年，江苏省政府勘定浒墅关镇南首“二都六图官荒地六十二亩五分”为校址，动土兴建校舍。后又会同苏州农工商局，“详省指拨八都二十图官荒地九十八亩为桑场”，继又增拨剩余官地四十八亩为桑场之用。

新校舍落成于民国元年（1912），虽然此时已经改朝换代，但该校还是按原计划搬迁到了浒墅关，是年秋开始招生，校名则改为江苏省立女子蚕业学校，即把“学堂”改成了“学校”。

江苏谘议局当年之所以决定将这所学校建在浒墅关，应该与这里优越的交通环境有关。这里不但有京杭大运河，而且沪宁铁路也已于1904年通车，浒墅关作为沿线大镇，设有火车站。水路与铁路两便，再加上有那么多官荒地，自然成为理想的办校场所。

学校迁入浒墅关后，江苏省每年都会从教育预算经费中单独划拨固定的经常经费和临时经费，作为女蚕校（江苏省立女子蚕业学校简称）的办学费用，保证了学校的教

苏州蚕桑专科学校原址现状

苏州蚕桑专科学校原址一角

学秩序。

此后的80多年时间里，这所学校多次更改名字，先后叫江苏省浒墅关蚕丝学校、江苏省立浒墅关蚕桑学校、江苏省立丝绸工业学校（即后来的苏州丝绸工学院前身）、苏州蚕桑专科学校（简称蚕专、蚕大）等，专业设置、修学时间多次变化，但始终以蚕桑人才为主要培养方向。

外界对该校的中专部分仍习惯称女蚕校。至1962年撤销中专部分为止，全校共培养中专毕业生3104名。

从1977年到1990年，学校校舍建筑从原有的5160平方米扩展到3.3万余平方米。校址门牌号为浒墅关上塘毛家弄14号。

1995年，苏州蚕桑专科学校并入苏州大学，为苏州大学西校区，内设生物技术学院，后又设蚕桑学院。如今，这一校区已经停止使用，但西陵堂等建筑依然完整保存。

2010年1月24日，浒墅关开发区与苏州大学携手共建中国蚕桑丝绸文化科技园（中国蚕桑丝绸博物馆）正式签约，此举标志着大运河明清观光带首个文化合作项目正式启动，浒墅关开发区将加快转型升级，重点发展文化旅游产业。

## 改良蚕种名声扬

在扎根浒墅关的80多年时间里，蚕校不但培养了大批的人才，还为中国蚕桑、丝绸业的发展做出了不可磨灭的贡献，其中一大贡献是改良蚕种。

事情要从1916年说起。那一年，学校的第一批学生毕业了，但当时社会对蚕桑人才尤其是女性蚕桑人才需求很小，她们遭遇了“毕业即失业”的尴尬，很多学生被迫当起了家庭主妇，也有的回家养蚕制种，却以失败告终。

1918年，蚕丝教育家郑辟疆临危受命，接任女蚕校校长一职。他一方面在学校里改良发展新一代蚕种，另一方面深入农村进行养蚕与制丝的改进和推广，从而让毕业生有了用武之地。

在郑辟疆、费达生等的努力下，女蚕校的推广改良工作收到了相当大的成效，蚕户由过去一年只养一季蚕变为一年养多季蚕，加上改良蚕种得病率低、产量高，蚕户的经济收入大为提高。

校园之外，郑辟疆还私人出资，在浒墅关家宅内试养培育原种，取得成功，后开办蚕种试验场——壬戌馆。此外，他还在校内设立试验部，负责地方品种的选育、引进，品种的驯化和蚕病的防治等，并鼓励、支持女蚕校教师及毕业生兴办蚕种场，最终让浒墅关成为优质蚕种“铁种”（孵出的蚕不易得传染病）的发源地和全国蚕种制造业重镇。

郑辟疆为女蚕校校长时的印章

“飞虎”牌蚕种商标

## 遍地开花蚕种场

养好蚕宝宝，首先要有好的蚕种。民国初期之前，我国农家大多以土种育蚕。由于农家缺少科学知识，蚕种往往近亲繁殖，导致品种退化。随着江苏省立女子蚕业学校落户浒墅关，苏州开始兴起科学养蚕。

由于女蚕校培育的杂交蚕种夺得高产，树立了信誉，蚕农对杂交种的需求量大大增加，当时女蚕校及浒墅关镇上零星几家蚕种场的杂交蚕种供不应求。面对这一情况，郑校长和当时在蚕校任教的邵申培决定从校友中集资创办蚕种场。经过努力，一共筹得12000元资金，于是大家用这笔经费购买了蚕校南河岸官荒地，于1926年建设了大有蚕种场，推选邵申培为种场经理。从此，古镇浒墅关以“一校（蚕校）一种场（大有蚕种场）”为中心，为振兴中华蚕桑丝织事业做出了难以估量的贡献。

由于1926年为农历虎年，浒墅关原名又叫虎疁，所以大有蚕种场就以“虎”牌为注册商标品牌。当年制得春种12000张，深受蚕农欢迎，于是有丝厂主动投资入股，扩大生产优质蚕种。到1934年，大有蚕种场已变成拥有总场和11处分场的蚕种场“航母”。1937年，全场年产蚕种达64.2万张，占当时江苏、浙江、上海蚕种总销售量的20%以上。

民国三十五年（1946），大有蚕种场又在台湾新竹东区开设“家蚕试育所”，大有“虎”牌蚕种从此植根海峡两岸。

民国十五年（1926）到三十七年（1948）的22年中，大有蚕种场资金总额增加到50万银元多（股本总额30万银元），是创立时的近50倍。

在“大有”等蚕种场的影响下，浒墅关先后出现过23家大小蚕种场，占苏州全市总量的一半以上。1956年全国对私改造高潮中，包括“大有”在内的浒墅关私营蚕种场全部“公私合营”，几经变迁，蚕种场更名为“江苏省浒关蚕种场”,下设五个分场。

该场老场长马林泉不无自豪地告诉笔者，他们场曾担负全省四分之一蚕种原种的生产任务，拥有桑田一度达到1869.34亩，遍布浒关与苏州城的各角落，产品销往全国10多个省、市、自治区，并出口到阿尔巴尼亚、越南、朝鲜、阿富汗、罗马尼亚等国家和地区，年生产蚕种原种最多时达到80多万张。按每张上有蚕卵1.3万粒左右计算，年产蚕种原种超过100亿粒，分给全国13亿多人口的话，平均每人能分到8粒呢！

女蚕校和蚕种场的发展，深刻地改变了浒墅关及周边地区的蚕桑生产，也影响了浒墅关人的生产与生活。老人们至今记得，民国以来的很长一段时间里，每到养蚕时节，浒墅关的妇女们便到女蚕校或其他蚕业机构做女工；而不需要去蚕业机构做工的时节，她们就在家里替蚕业机构加工供结茧用的网。不辍的劳作，让妇女们获得了可观的收入，大大改善了她们和家人的生活。

## 留住记忆传文化

随着外国丝绸产业的发展和丝绸市场的中衰，20世纪90年代开始，我国蚕桑业开始走下坡路。受这一大环境影响，加上蚕专并入苏州大学，浒墅关的蚕桑产业逐渐萎缩。

2012年，浒关蚕种场停产，分场陆续被拆，目前保存完整的只有三分场的一部分——原永新蚕种场，这也是浒关蚕种场的最后办公点。该场创建于1931年，现占地约20亩，粗略数数，有用于养蚕、制种的新老蚕室47间，用于蚕宝宝结茧、堆放蚕具的附属房屋61间，存放桑叶的地下室24间，此外还有三上三下加楼梯的民国青砖办公楼和消毒灶等设施，可以说是苏城"最后的完整蚕种场"。

原永新蚕种场内景

移建后的原大有蚕种场办公楼

原天远蚕种场“天远厅”

此外，不完整的蚕种场还有“大有”“天远”等。尽管它们已不再培育蚕种，但来到现场，我依然被残存的精美建筑惊到了——“大有”的办公楼五上五下，曾长时间作为浒关蚕种场的办公楼，黑色屋顶与灰色水泥墙面相得益彰，几根别具特色的欧式立柱，使得这座中西合璧的办公楼更加壮观；“天远”的办公楼虽然只有一层，但外形像古建筑中的四面厅，飞檐翘角，气势不凡……这些精美的建筑，共同见证了那个时代的辉煌。

这些年，许多地方都日益重视丝绸文化资源，镇江的蚕种场甚至已被列为江苏省文物保护单位。

浒墅关也不例外。在老镇改造中，浒墅关大运河东岸建设了一条南北向的主干道——桑园路，此路经过大有蚕种场原址。为有效保留、利用好大有蚕种场的历史建筑，浒墅关镇于2015年对其办公楼进行了整体平移。如今，它已被规划为一座展示桑蚕文化、钞关文化、关席文化的展览馆。

许多群众进一步希望，浒墅关能留下原永新蚕种场，让它与相隔200多米的大有蚕种场办公楼一起得到合理利用，成为让后人相信苏州确为丝绸之府的实物依据之一，这留住的不仅是房子，更是房子背后那段厚重的历史。

# 枫江桥

“绿浪东西南北水，红栏三百九十桥。”这就是东方水城苏州。

要说苏州的“网红”桥梁，各人的评判标准不一，答案也不尽相同，但不管用哪种评判标准，枫桥一定算得上其中之一。

这座桥到底怎么个“红”法？南宋《吴郡志》卷十七记载：“枫桥，在阊门外九里道傍。自古有名，南北客经由，未有不憩此桥而题咏者。”明代诗人高启也在诗中写道：“画桥三百映江城，诗里枫桥独有名。”

在枫桥的历代吟咏中，唐朝诗人张继的《枫桥夜泊》最是家喻户晓。这首脍炙人口的古诗，让枫桥与一旁的寒山寺形成“钟声诗韵”的绝配，穿越时空，深深地烙在亿万人的脑海中。

后来，一首名为《涛声依旧》的歌曲，也以歌词“月落乌啼总是千年的风霜，涛声依旧不见当初的夜晚”，再度勾起人们对枫桥的向往。

苏州高新区的枫桥街道，名称就源于这座古桥。

虽然，由于区划调整，由枫桥大街和寒山寺弄两条步行街组成的枫桥集镇，如今已划归姑苏区管辖，枫桥街道的集镇区则迁移到了西津桥。但枫桥街道和枫桥的关系，又怎么割得断呢？

大运河枫桥段（中间绿化带左侧为一九五四年新开段河床，右侧为原有河

## 第一节　暮烟疏雨过枫桥

1991年10月前的京杭大运河，在向南流淌到苏州寒山寺旁时，就“兵分两路”：一路向东直抵阊门，沿苏州古城护城河到觅渡桥再向南流去；另一路南下来到横塘，入胥江，再向东到苏州古城护城河，经觅渡桥南去。

这南下的水流，在寒山寺旁又被分成两股，使得大运河中浮起了一个小岛——江枫洲，两股水流分别从江枫洲东侧和西侧向南流去，然后重新汇合。

江枫洲平面呈浮鸭形，“鸭头”朝北，“鸭尾”朝南；“鸭背”东面有座江村桥，桥的东面就是古刹寒山寺；“鸭头”东南面也有一座古桥，那就是枫桥了。枫桥古桥一带的集镇，则被称为枫桥集镇。

细细考证可以发现，江枫洲并非古代就有，而是1954年起才出现的。本来，江枫洲东侧那段运河故道比较狭窄，最窄的地方宽度只有10米左右，大船很难通行，碰撞、堵塞事件时有发生。人民政府为保护寒山寺、枫桥等古迹，同时为方便大船通行，就在运河故道之西另外挖了段南北向的河道，宽度达四五十米，被运河故道和新道包围的这块土地，从此成了小岛，这就是江枫洲。1993年，大运河新道西岸又拓宽了近10米，让水面更为宽阔，“浮鸭”戏水更加欢愉。

从字面看，“枫桥”的名字应该与枫树有关。但枫桥古桥建造时当地是否有枫树，或者古桥是否用了枫树枝干作为建材，已经无从查考。明朝正德《姑苏志》引宋代周遵道《豹隐纪谈》称，枫桥旧作“封桥”，天平寺许多由唐朝人书写的藏经，背面都有“封桥常住”字样，直到张继诗里写了“枫桥”，这座古桥才改换了名称。

个人以为，这种说法是有道理的。因为枫桥地处水陆交通要道，也是盘检船只和行人的重要节点，每到夜里桥梁要封闭，以防可疑人员趁夜开溜，所以是“封桥”。不知张继是不是认为“封”字不太美好，容易让人联想到“跟外面隔绝”，或者是没有查查桥梁的“户口簿”，结果把“封桥”写成了“枫桥”。但这一改实在很高明，读音没变，却让这座桥梁从此充满诗情画意。

枫桥始建时间无考。以资料翔实著称的民国《吴县志》也只简单地写道：“清乾隆三十五年（1770）修，同治六年（1867）长洲县知县蒯德模重建。”但既然唐诗里已经写到枫桥，那它的始建时间显然不会晚于唐朝。

1867年重建的枫桥，就是今天我们所见到的模样了。它是一座单孔花岗岩石拱桥，全长39.6米，中宽4.4米，矢高5.7米，净跨10.5米，这体量，在苏州单拱石拱桥中算是中等偏上了。

枫桥的西面有一尊张继的雕塑，这是雕塑大师钱绍武的作品。当年拜访钱老的时候，钱老坦言，做这尊雕塑时他碰到了很大的困难。是啊，雕塑要表现张继听钟声，可“听”怎么表达呢？钱老苦思冥想，一时想不出办法。后来他去寒山寺听新年钟声，发现不少游客都手指一动一动地数钟声，他灵感突发，于是塑造了张继歪着头、手指一动一动数数的雕塑。

令人发噱的是，现在那尊雕塑中，张继的手指头看起来竟是金灿灿的，原来是游客争相触摸造成的。起先钱绍武以为这是游客们理解了他的构思，没想到讲解员的讲解让他大跌眼镜。讲解员对游客说，这个人叫张继，是个大学问家，你们摸摸他的手指头，你们或你们的孩子就一定能考上大学了。游客听后纷纷去摸，以至那手指被摸得亮闪闪的，成了“金手指”。

经过多年的建设，一度冷落的枫桥景区已成为自然风光优美、人文景观丰富、中外游客向往的游览胜地。暮烟疏雨中，塔影钟声诗意绵绵，京杭运河涛声依旧……那不就是人们心目中的原味枫桥吗？

枫桥

钱绍武雕塑《张继》

## 第二节　金戈入梦铁铃关

铁铃关是一座让人游览之后，就会梦见金戈铁马的建筑。

铁铃关又被称为“枫桥敌楼”，和枫桥古桥是一个难以分割的整体，枫桥的东南堍桥坡，就伸到了铁铃关内。远远望去，枫桥就像一把钥匙，正在打开铁铃关的“心扉”。

这里地理位置险要。1949年4月27日，中国人民解放军29军85、86师在击溃了枫桥、铁铃关一线的守敌之后，从这里向东进入苏州城，宣告苏州解放。

铁铃关最早是为抗击倭寇而兴建的。

14世纪初叶，日本进入南北朝分裂时期，封建诸侯割据，互相攻战，争权夺利。在战争中吃了败仗的一些南朝封建主，就组织武士、商人和浪人到中国沿海地区，进行武装走私和抢劫烧杀活动。这些无恶不作的海盗被称为“倭寇”，他们的所作所为，严重威胁着我国的经济发展和人民群众的生命财产安全。

富庶的苏州当时已成为我国东南地区的经济、文化中心，自然被倭寇视为大肥羊。每次劫掠时，狡猾的倭寇不一定从东面海上直攻苏州的东半城，有时也会从内河绕太湖，经木渎、枫桥等地，进攻阊门内的苏州西半城。在这样的情况下，明嘉靖三十六年（1557），巡按御史尚维持在苏州城西修筑了抗击倭寇的“三关”，即铁铃关、白虎关、金阊关，其中铁铃关是扼守阊门的第一道防线，也是“三关”中唯一保存至今的建筑，还是苏州现存的唯一抗倭遗存。

如今的铁铃关，关台正面宽15米，纵深10.2米，高7米。正中辟拱门，西北面的门洞上刻有“铁铃关”三字。关门内南北壁面辟大小拱门各一，内砌登关砖级，并有驻军洞。整座关隘飞檐翘角，古色古香，楼阁东南面挂有“铁铃关”红底金字匾额，西北面则悬有白底黑字的“御寇安民”匾额。

登上这座关隘，我不禁浮想联翩。我不知道，这里曾发生过多少次苏州军民英勇杀敌的往事，但我知道，某种意义上，这道关隘也是那段屈辱历史的见证人。

一切都已过去，来来往往的游客，在这里享受着美景。爬山虎爬满墙壁，似乎象征着铁铃关和中华民族旺盛的生命力。

愿祖国强大，不再遭受外辱；愿世界和平，不再刀兵相见。

## 第三节　钟声诗韵寒山寺

枫桥古桥、铁铃关的东南面，江村桥的正东面，就是千年古刹寒山寺了。那是许多外来游客来苏后的必去之地。

寒山寺并不大，占地面积也就1.3万平方米，还不到20亩。现在何山桥东北侧安放巨型诗碑、建造108吨大钟钟楼的地块，其实是寺庙方租来的。

正如唐朝诗人刘禹锡《陋室铭》中所说：

山不在高，有仙则名；水不在深，有龙则灵。

对寒山寺来说则是，地不在大，有诗则名。

跟枫桥一样，吟咏寒山寺的诗也多得难以计数。不过，一首张继的《枫桥夜泊》，就已经让寒山寺蜚声海内外了。这首脍炙人口的七绝，如今就是三五岁的孩子，也往往能熟练地背出来：

月落乌啼霜满天，江枫渔火对愁眠。
姑苏城外寒山寺，夜半钟声到客船。

寒山寺始建于梁朝天监年间（502—519），原名妙利普明塔院，相传唐贞观年间（627—649）高僧寒山在此住院，故易名寒山寺。

寒山有个师弟叫拾得，后来去日本传教，因此日本有拾得寺。

关于寒山和拾得，民间故事颇多。其中一个说，寒山和拾得爱上了同一个姑娘，后来拾得为了成全寒山，就去告别那位姑娘。两人的对话正好被寒山听到，于是寒山主动离开，出家做和尚去了。后来拾得历经千辛万苦找到寒山，也皈依了佛门。

正因为寒山、拾得两人情深义重、和和美美，所以清代雍正皇帝敕封他俩为和圣、合圣，我国民间则称他们为“和合二仙”，相传他们还是文殊菩萨与普贤菩萨的化身。

秦砖汉瓦虽坚，却难敌千年风霜和灾祸。历史上，寒山寺曾多次被毁，但在“和”这种神奇力量的驱动下，这座寺院很快又重现在世人面前。现存的寺庙，是清朝光绪三十二年（1906）在江苏巡抚陈夔龙稍加修复的基础上重新发展起来的。寺中最惹眼的法宝，是《枫桥夜泊》诗碑和古钟。

寒山寺《枫桥夜泊》诗碑始见于北宋，那是宰相、著名文学家王珪（1019—1085）的手迹，后来下落不明。于是明代著名书画家文徵明重书刻石，不料明末寺中发生火灾，经不起火烧的青石碑就此伤痕累累。如今，文徵明这块诗碑还嵌在寒山寺墙壁里，但能看清的字已经寥寥无几。

清光绪三十二年，著名经学家俞樾又补书《枫桥夜泊》诗重新刻石。千年古寺、张继绝唱、俞樾名书，可谓三美合璧，相得益彰。

围绕俞樾的诗碑还有故事。说是抗日战争期间，日寇想把这碑抢去，我国的爱国志士为了保护这块碑，不惜冒充刻碑大师钱荣初在寒山寺前自杀，并放风，谁镌刻、亵渎《枫桥夜泊》诗碑就会遭报应，最终让觊觎《枫桥夜泊》诗碑的日寇不得不放弃了贪念。

1947年，苏州著名画家吴湖帆请国民党元老张继重写《枫桥夜泊》诗，今人张继书写古人张继的诗，成为一段佳话。巧合的是，国民党元老张继第二天就与世长辞了，终年66岁。不过这一切与“报应”没有关系，张继其实是因为疲劳过度，心脏病突发而去世的。

对于欣赏《枫桥夜泊》诗碑，应该把爱好和平的广大日本人民与日本一小撮军国主义者分开。基于这样的认识，

1979年寒山寺一恢复除夕敲钟活动，就欢迎日本友人结伴前来听钟。如今，新年听钟活动已成为中日两国人民友好的盛会，寒山寺也成了中外文化交流的桥梁，成为苏州靓丽的城市文化名片和对外开放的窗口。

寺庙往往和宝塔联系在一起，但寒山寺的宝塔早已无存。此外，古寺面积狭小，难以更好展现寒山寺钟声诗韵的影响力。针对这些不足，最近20多年，寒山寺连续写下大手笔：

重建的普明宝塔于1995年12月竣工，成为寒山古寺的又一标志性建筑。塔为仿唐木结构楼阁式，四方五层，总高42.2米。

2007年3月，寒山寺启动大钟、大碑工程。吊装大钟、大碑动用了好几辆大型吊车。钟、碑都太大了，吊装过程看得人惊心动魄。

2008年12月，上海大世界基尼斯总部经过一个多月的“考验”，确认刻有张继《枫桥夜泊》诗的寒山寺大碑总高15.855米，是世界上最大的诗碑；而刻有七万多字佛经的寒山寺大钟重108吨，高8.608米，最大直径5.242米，是世界上最大的佛钟。苏州由此一下添了两个“世界纪录”。

2014年6月，京杭大运河被联合国教科文组织批准为世界文化遗产，寒山寺因此迎来新的发展机遇，当然也会面临新的挑战。相信在寺院管理层的努力和社会各界的关爱支持下，寒山寺一定能得到更好的发展。

寒山寺大碑、大钟钟楼、宝塔远眺

## 第四节　高士留痕皇宫岭

皇宫岭，一个“高大上”的名称。其实它原名叫寒山岭，那是一个很有意境但很“清贫”的名字。

这座山岭海拔99米，是天平山北麓与支硎山南麓之间山坞中的一座小山，属支硎山向西南延伸的支脉，位于苏州高新区枫桥街道跟吴中区交界处。枫桥，注定跟“寒山”有缘。

明朝后期之前，寒山岭还是座籍籍无名的小山。明代万历二十二年（1594），太仓高士赵宧光遵照父亲赵枢生（1533—1593）的遗愿，将父亲的坟安在寒山。赵宧光又在寒山建屋，与妻陆卿子一起住在那里守孝。

爱山者仁，爱水者智。赵宧光显然是仁者。本来守孝

寒山摩崖石刻

只要三年，但赵宧光住在那里后就再也没有搬家。他的儿子赵均与儿媳文淑（文徵明次子文嘉的曾孙女）也住在这里。

赵宧光和陆卿子的到来，为寒山创造了别开生面的文化景象。寒山岭石壁峭立，他们利用天然景观，凿山引泉，斩榛植树，兴筑“寒山别业”，其中“小宛堂”作为藏书处，又有“云中庐”“弹冠室”“绿云楼”“澄怀堂”“清晖楼”诸胜，让荒凉的寒山变得宛如桃源仙境，也让寒山别业成为中国山地园林的典型代表。

如画美景中，状元宰辅申时行来了，文学家姚希孟来了，榜眼及第的王衡也来了。更有常熟藏书家冯舒、冯班、何大成三人，在寒冬飞雪之日前来借观赵家珍藏的宋本《玉台新咏》，并昼夜抄录，花了4天时间抄成副本，这才心满意足地回去。

赵宧光夫妇还是苏州兴办“民办博物馆”的先驱——他们给寒山岭留下了众多摩崖石刻，使这里成为一个集山水、园林、书画于一体的艺术“博物馆”。其中有赵宧光亲自书写的“洗心泉”“飞鱼峡”“千尺雪”“丹井”“芙蓉”“云根”“看云起”“阳阿”，大多为篆书；还有陆卿子画兰石刻，明代文人王穉登手迹“奔泉静径千寻壑，飞瀑晴回万仞峰”，乾隆皇帝的手迹《寒山行千尺雪长句》（共18句126字）等。如今，寒山摩崖石刻已成为苏州市文保单位。

清朝乾隆皇帝六次南巡，每次都驻跸寒山别业。鉴于寒山别业成为皇帝的行宫，于是人们就将这里称为皇宫岭了。

乾隆皇帝是个爱好风雅的皇帝。他在这里驻足凭眺，对景怀古，不仅题词作诗，勒之石壁，还为赵宧光拾遗补缺。比如赵宧光在“千尺雪”旁兴建了一座阁，但没取名字，乾隆就赐名“听雪阁”，使美景与美名相辅相成。

转眼几百年过去，皇宫岭又变成了人迹少至的去处。只有山泉依然在为这里放歌，而那些珍贵的摩崖石刻，静默在风雨中，静默在日光下，静默在月色里。这是高士和皇帝生命的印迹，这是苏州文化的惊鸿艳影。

2014年，虎丘区政协启动寒山摩崖石刻抢救保护工程。3月份，由摄影师、拓片师、苏州高新区文联成员组成的抢救保护小组进入寒山岭，对摩崖石刻进行抢救性拓片，历经3个月，已发现的33处寒山岭摩崖石刻全部完成拓片，经整理后出版。

皇宫岭，你注定要与苏州文化同辉。

## 第五节　重阳登高贺九岭

九月九日忆山东兄弟

独在异乡为异客，每逢佳节倍思亲。

遥知兄弟登高处，遍插茱萸少一人。

唐朝诗人王维的《九月九日忆山东兄弟》，也是一首脍炙人口的古诗。每每农历九月九日，人们就会去登高庆祝重阳节。

苏州人登高的首选之处，当数贺九岭。

贺九岭在花山（天池山）之北，位于枫桥街道西部的马涧社区与吴中区木渎镇藏书地区的篁村交界处，是古时苏州城区到枫桥以西如光福、东渚等地的交通要道。

如今这里还能看到不少摩崖石刻，诸如“天马徕”“高真别宇”等。其中最重要的一方，是李根源题写的“志载吴王登此贺重九，故以名岭云”，因为它交代了贺九岭得名的原因。贺九岭并不高，之所以成为登高胜地，吴王的“率先垂范”是一个重要因素。

这里原有创于明正统二年（1437）的普济道院（俗称贺九岭庙），内有玄武、关圣、观音、玉皇诸殿。每到重阳节，乡人在贺九岭间演戏，虽说是演给神仙“看”，其实百姓也可以一起欣赏。当时文化娱乐活动少，免费看戏对百姓的吸引力不亚于磁铁之于铁块，因此，那一天到贺九岭“看白戏”的观者常常多达四五千人，现场几乎被挤得水泄不通。

明朝隆庆二年（1568），贺九岭庙外建造了东西两座石关，石关建筑结构均为拱券式，与拱桥相同。其中西石关跨径2.8米，长4.6米，因顺坡而筑，一端高2.8米，另一端高3.3米；东石关跨径2.6米，长4.1米，高3.35米。石关顶端原有建筑，现已无存。

建造石关的原因带有浓厚的道教色彩。民间相传，贺九岭西面有一座鳝山，山里有黄鳝精，只要它一出动，当地百姓就要遭难，所以人们就在贺九岭筑“石鳝笼”式的石关，以镇风水。

这样的传说当然是无稽之谈，但无论从景观的完整性看，还是从寺庙的安全性看，建石关都是明智的。现存的石关，西面的拱券为青石质，应该还是明代的原物；东面的拱券为花岗石质，当为清代重建。两石关之间地面铺有“人”字形砖街，称为御道，所谓“万人之上”。

随着苏福公路等现代交通干道的兴建，贺九岭的交通功能已经完全弱化，旅游功能却日益凸显。如今，贺九岭上又恢复了部分庙宇建筑，东西石关也被列为苏州市文保单位，得到有效保护。来此游览，已不局限于重阳节。

岭上靠近东石关的地方，还有一块刻着“天养人”文字的石碑，似乎在提醒我们：人应该敬畏大地母亲，与自然和谐相处。

站在岭上，遥望苏州西部的山山水水、正拔地而起的高楼大厦，你又会想到什么呢？

贺九岭东石关

贺九岭西石关

## 第六节　勾践牧马白马涧?

在浒墅关，白马涧只是一条溪流。但在枫桥街道，白马涧不仅指天平山、花山、支硎山、高景山泉水汇合而成的溪流，还是一个村镇的名字。

有关白马涧的传说，枫桥街道的版本也不同于浒墅关的版本。浒墅关那边传说，白马涧溪流跟东晋道人支遁的白马坐骑有关（这个版本还被记录在南宋的《吴郡志》里）；但枫桥街道的版本却是跟越王勾践有关，说当年吴越战争中勾践失败，被抓到吴国，为吴王夫差养马，白马涧就是他放马的地方，马儿渴了就到溪边喝水。由于那些马多为白色，所以溪流就叫白马涧了。后来白马涧旁出现了村镇，也被称为白马涧，简称“马涧”。

传说多元，还似乎各有依据，半真半假，让人雾里看

勾践牧马、卧薪尝胆景点

花，最难分辨。不过弄不清也无关大局，对更多人来说，他们更愿意听听故事，放松一把。

我也是因了“勾践牧马”的传说才去白马涧的，不是崇拜勾践，只为一探究竟。

从华山路向西，过高景山后有一条蜿蜒向南的公路——龙池路，沿此路前行2公里多，可以来到龙池景区，那里就修建有“卧薪尝胆”景点。

景点依涧水而建，里面满是马匹的雕塑。它们大多膘肥体壮，有的在圈内歇息，有的在圈外戏水，一名男子则站在水中，忙着为它们擦洗身子。一旁的木屋里，房梁上挂下一个醒目的苦胆，一个人正卧在苦胆旁……尽管此情此景都是今人的演绎，但当年勾践卧薪尝胆的场景，想必也就如此了。

把目光放到整个龙池景区也是很有意义的。这个景区占地7平方公里，是苏州高新区的一块原生态“绿肺”。这里原先是1977年起建设的枫桥果林场，种植的柑橘、桃子、梅子颇受人喜爱。后来果林场改建为景区，里面有三片相连的水面：上游为龙池，又名胜天水库，建于1952年2月，是中华人民共和国成立后苏州地区修建的第一座小型水库，湖面面积2万平方米，容水量约8万立方米；中游为凤潭，水面面积1.12万平方米，可乘竹筏休闲，中游溢水形成云谷飞瀑，水声隆隆，场面宏伟壮观；下游为白马涧溪涧，水面面积1万平方米，水深0.5米以下，曲曲折折，一步一景，可供游人戏水、观光。

白马涧风

低头看水，水体碧绿生青，宛如硕大的翡翠镶嵌在群山之间，让人有身临九寨沟的感觉。抬眼望去，山上的泉水不断渗到岩石上，在阳光的照射下闪闪发亮，就像仙子手持白练凌空而舞，欢迎着人们的到来。

龙池里经常可以看到桃花水母。这种水母直径约15—25毫米，几乎透明，是一种原始低等的无脊椎动物，已有数亿年历史，是名副其实的"活化石"，具有较高的研究价值和观赏价值。这种水母是仅有的一种淡水水母，要求生活在清澈无瑕的淡水里，龙池的水质之佳由此可见。

回去的时候，我又在龙池路和华山路交叉口，再度与勾践"邂逅"。原来，交叉口东南侧的山岭叫谢宴岭，据说勾践和范蠡在白马涧放马时，经常得到当地百姓的帮助。获得赦免后，勾践就在一座山岭上摆酒宴答谢百姓，这座山岭从此就被称为谢宴岭了。

其实，按照地方志的记载，谢宴岭原名"斜堰岭"。比如民国《吴县志》记载："斜堰岭亦曰谢宴岭。"从字面意思看，"堰"是拦河蓄水的大坝，"斜堰岭"应该是一座像大坝一样拦住西侧水流的山岭的意思。

吴语中，"谢""斜"读音完全相同。在没有"标准地名辞典"的古代，这样写、那样写，是完全可以理解的。

但这样咬文嚼字式的解释，其生动性又怎么及得上勾践摆宴答谢百姓的故事呢?

高景山

## 第七节　冯氏魂归高景山

已被开山开残的高景山，是一座应该好好关注的山头，因为这里是葑溪冯氏始祖的魂归之处。葑溪冯氏，就是著名通俗文学家冯梦龙所在的家族。

高景山又写作高颈山，成书于东汉初期的《越绝书》卷二中已经提到：

吴古故陆道，出胥门，奏出土山，度灌邑，奏高颈……

这座山海拔128米，呈东北—西南走向，山体为花岗岩。山的东坡、北坡早年被杂树荒地和大大小小的墓冢所占据，中华人民共和国成立后被开发为旱地，种上一些杂粮、蔬菜、苗木，后因开山采石而废。

南宋著名理学家、名臣魏了翁墓

到2000年，高景山的南部被挖平。从华山路开过，在一个上坡的地方向北望去，可以看到一块巨石上写着的“高景山”几个大字，这也算是为这座山立碑纪念了。

历史上，高景山一带墓葬众多。其中有南宋著名理学家、名臣魏了翁（1178—1237）的墓。魏了翁是四川邛州蒲江人，字华父，历任兵部郎中、工部侍郎、礼部尚书、端明殿学士，去世后追封“太师”。墓在“高景山金盆坞”，其实是在谢宴岭南面的一个山坞里，原来规模极大，神道长达100米，有神道碑及石牌坊。那天前去探访，见到只剩一个长满荆棘的大型墓冢，以及一块苏州市文保单位碑。

1984年5月在高景山还发现过一处元墓。当时吴县文管会抢救性清理后发现，这是一座平面为圆形的穹隆顶青石结构墓，出土的10多件器物中，两只青瓷神兽香熏做工精巧，形状如狮，釉色莹润，后被列为国家一级文物。

最让我魂牵梦萦的墓是葑溪冯氏家族墓。道光《浒墅关志·卷之十三·冢墓》记载：

处士冯昌墓在高景山，永乐十九年（1421）葬。昌字世昌，靖难兵起，隐居姑苏，为葑溪冯氏始祖。贡生其盛、知县梦龙、本朝翰林勖皆其后。

《吴门表隐》也记载：

明处士冯昌墓在高景山。昌靖难兵起隐葑溪。

“靖难”是朱棣（明成祖）为了从侄儿朱允炆（建文帝）手中夺取皇位而发起的战役，时间从建文元年（1399）持续至建文四年（1402）。从“靖难兵起”就“隐居姑苏”“隐居葑溪”的记载看，冯昌隐居苏州的时间应该在建文二年（1400）左右。

葑溪是葑门内外的河道。从明末文人董斯张问冯梦龙的哥哥“兄所居葑门”，以及冯梦龙自称作品“题于葑溪之不改乐庵”、对苏州城里人顾隐亮自称“里人”看，到冯梦龙万历二年（1574）出生时，“葑溪冯氏”已在葑门内住了170多年，完全可以称“世居葑门”了。

遗憾的是，近年去高景山打听冯家坟，问了好多老人，都回答没有听说过。也许，这墓早在开山过程中被毁灭了。但葑溪冯氏家族是不会被人们忘记的，这个家族的成员的名字，已经和他们的作品一起，镌刻在人们的心头。

期待冯家坟相关资料、实物浮出水面。

## 第八节　贝家择地筑坟茔

2017年4月26日，誉满全球的建筑大师贝聿铭在美国度过了100岁生日。在那传奇的100年里，他获得过被誉为“建筑界诺贝尔奖”的普利兹克奖，赢得了“现代主义建筑的最后大师”称号，他所在的苏州贝氏家族，被誉为中国唯一富过15代的家族。

而这个家族有不少人将坟茔修筑在枫桥地区，比如有修在西龙桥西北面的。这个地方，就是后来的枫桥粮管所所在地，在今西津桥集镇东面约800米处。

《枫桥镇志》主编徐双林小时候曾看见过这个坟，在他的印象中，这个坟占地达10多亩，北面是个高墩，南面有两三间坟堂屋，房子西面有一片篮球场大小的水泥地，可以供人们列队祭扫。因为当时水泥地还很少见，所以徐双林对这个坟印象特别深。

当地人称这个坟叫“贝家坟”，有人说它是贝聿铭祖父贝理泰（1866—1958）、父亲贝祖诒（1892—1982）的寿坟（生前为自己修筑的坟），但因为边上有块土地的主人不肯让地，所以这个坟并没有按计划修建完工，最后贝聿铭的祖父、父亲也没有葬到这里来。但也有人说，这是另一支贝家的坟。

为弄清真相，我仔细查阅了民国九年（1920）重修的《吴中贝氏家谱》，发现贝家原籍浙江兰溪，明代中叶迁居苏州，传到清代乾隆年间第七世贝绍溥（号慕庭，1705—1769）时，贝家已经凭经营中药而成为吴中巨富。当时苏州有“四贵”“四富”之说，其中贝家就是“四富”之一。

《吴中贝氏家谱》书影

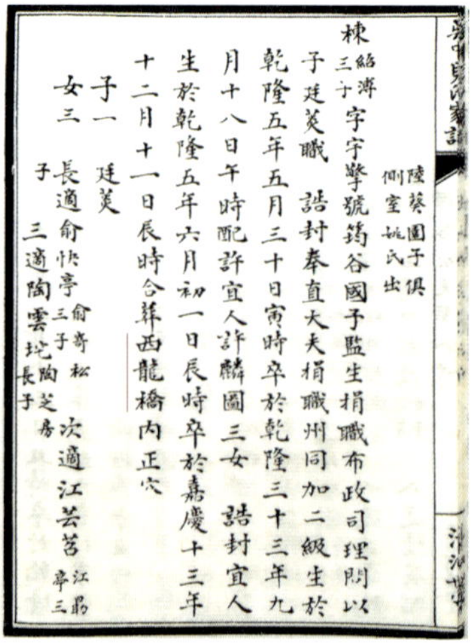
陸葵圃子俱
側室姚氏出
棟 紹溥三子 字孚擎號鶴谷國子監生捐職布政司理問以
子廷芝職 誥封奉直大夫捐職州同加二級生於
乾隆五年五月三十日寅時卒於乾隆三十三年九
月十八日午時配許宜人許麟圖三女 誥封宜人
生於乾隆五年六月初一日辰時卒於嘉慶十三年
十二月十一日辰時合葬西龍橋內正穴
子一 廷芝
女三 長適俞快亭 俞奇松三子 次適江芸苕 江鼎彝三子 三適陶雲坨 陶芝房長子

《吴中贝氏家谱》中明确记载贝栋墓在“西龙桥”

贝绍溥生有四个儿子，长子贝模是贝聿铭的第七代老祖宗，三子贝栋与妻子许氏合葬在西龙桥旁。此后，贝栋的儿子贝廷荧跟妻子陶氏也葬在这里，贝廷荧几个没有长大成人的子孙也都葬在这里。

原来，西龙桥这个贝家坟是贝栋一系的坟茔！

贝栋一系也出过一些人物。比如第十三世的贝受恒（1874—1922），从小酷爱丹青，给自己起了个“画痴”的字。他还热心公益，曾办理湖北赈灾事务，总理江苏方麓裕农垦牧公司，设立蚕桑实业学校，组织金坛农会等，是个颇有作为的人。

除选址西龙桥外，贝家还有众多成员将坟茔修在谢宴岭、支硎山、白马涧小茅山、观音山东龙池等处。显然，枫桥地区的自然环境，得到了贝氏家族的高度认可。

顺便说一下，枫桥的墓葬还有很多。据《枫桥镇志》记载，中华人民共和国成立以来，枫桥地区发现了不少墓葬，比如在观音山挖掘过东周时期的竖穴岩坑墓，出土和发现了不少文物，其中有春秋时期吴越铜剑、汉代的陶鼎、晋代的玉器和金饰件、唐代的铜镜以及明清时期的瓷器等。曾属枫桥地区的狮子山，也发现过西晋豪族傅玄家属墓葬群……

一个山清水秀的地方，是不可能不受人追捧的。

## 第九节 米市“打听枫桥价”

老苏州有一句话，叫“打听枫桥价”，说的是全市的大米价格行情与枫桥地区的关系。这小小枫桥的米价，何以成为全市米价的风向标、晴雨表?

千万不要以今天的眼光去看过去——明清时期，枫桥可是全国最大的米市！人云：“吴阊到枫桥，列肆二十里。”著名历史学家顾颉刚在《苏州史志笔记》中也有这样一段记载：“（王）伯祥云：‘从前苏州市面皆在城西，自阊门至枫桥，自胥门至枣市迤西，五十方里，全是房屋。枫桥之米市最盛，全市市面，均以之为枢纽。故谚有打听枫桥价一语，谓价钱只需向枫桥打听也……’全市精华，皆在于此处。自洪、杨难后，米市全向西北迁到无锡，其他商业亦多迁至上海。”

原来，明清时期，随着人口的增多和市场经济的发展，商品流通加快，交通便利的地方崛起了众多市场。苏州作为大运河上的明珠，市场发育尤为迅猛，我国的资本主义在这里率先萌芽。故而唐伯虎在他的《阊门即事》诗里写道："翠袖三千楼上下，黄金百万水西东。五更市卖何曾绝，四远方言总不同。"

枫桥到阊门既枕漕河，又有官道经过，水陆两便，一时商舶云集，货物山积，成为米豆产品的超级集市。边远地区于此采购粮米，每年都以百万石（当时1石相当于现在的75公斤）计。《苏州市志》提到，清雍正十二年（1734），由川鄂湘运来的大米，经此地转销闽浙、辽东、两广的达近1000万石，约占当时全国远距离运销商品粮数的1/3，按平均每人年耗粮食2石计算，这么大的交易量，可以养活500万人口。因此，枫桥成了"天下粮仓"，枫桥米市的斗斛则被公认作为计量标准而称"枫斛"。

太平天国战争中，枫桥米市因战火而化为灰烬。如今的我们，已经很难想象当年这里大米堆积成山、米船轴轳相连的盛况。幸而枫桥江枫洲上的漕运博物馆，以实物和多媒体全息成像等办法，为我们展示了当地过去的辉煌。但光了解这段辉煌是不够的，穿越悠长的历史隧道，你或许还能从中获得节约粮食、保护耕地、珍惜和平之类的感悟。

# 横塘路

南浦春来绿一川，石桥朱塔两依然。
年年送客横塘路，细雨垂杨系画船。

这首脍炙人口的七绝，就是南宋四大诗人之一的范成大（1126—1193）的《横塘》诗。绿川朱塔、垂杨画船，都是何其富有诗意。更妙的是，全诗以抒情之笔写景，烘托离别之情，情景交融，让人回味无穷。

范成大年年送客时走过的路，就是本篇也要去“走一走”的“横塘路”。

## 第一节　驿亭邮路映胥江

横塘驿亭是横塘地区保存至今的一处重要古建筑，位于京杭大运河与胥江交汇处，坐北朝南，三面环水，通过堤岸与三孔的彩云桥相连。那里是苏州城西的水路要津，也是苏州城里人游湖入山的要道。

驿亭平面略显长方形，南北纵深5.5米，东西横宽4.2米，五架梁，歇山卷棚式瓦顶，四角有4根石柱。

按理，亭的构造就像“亭”这个字，身躯一般为开敞性结构，没有围墙，靠几根柱子托起顶部；就算有墙，也会设很大的月洞门。然而，横塘驿亭却给人一种较为封闭的感觉——东西两面都是墙，墙上虽然开了窗，但比较小；南北两面虽然没有墙，却设了栅栏，看来看去都像是房子，至少像个轩。

驿亭东西两侧墙壁里砌了大大小小九块碑刻，这也许就是它要砌墙的一个重要原因吧，没有墙壁，那些碑刻说不定早就被贩卖文物的人“捡”走了。也可能亭内可以供流浪者临时住几宿，有墙壁可以挡挡风雨。南面左右石柱上镌刻楹联一副：客到烹茶旅舍权当东道，灯悬待月邮亭远映胥江。前一句讲述驿站作用，后一句阐述驿站地理位置。

如此说来，这驿亭还是很有“碑情”味和人情味的。

横塘驿亭始建时间无考，现存驿亭修葺于同治十三年（1874）六月，其实只是横塘驿站的大门。

历史上，驿站可是一种“快递中转站”，不知有多少官员曾穿过这座驿亭，到驿站里食宿、更换马匹；不知有多少官府文书和军事情报经过这里，再通过驿路传送到中央朝廷、地方衙门。后来，随着电报、电话、汽车的发明，“快递”速度不断提升，难以与之抗衡的横塘驿站只能跟众多兄弟驿站一起，退出了历史舞台，里面的馆、楼、庑、台等建筑逐渐损毁，只有驿亭保留至今，成为研究中国邮传历史的珍贵实物资料。

如今的横塘驿亭已经很少有人光顾，倒是一旁的大运河里，来来往往的船只依然络绎不绝。横塘驿亭就像一个美丽的村姑，孤独却坚强地站立在天地间，此情此景，让我想起了戴望舒《雨巷》里的词句：“冷漠，凄清，又惆怅。”

不过，纵观最近几十年，有关部门并没有袖手旁观。1961年10月—1962年2月，文物部门对当时已倾斜、破旧的驿亭进行了大修；1980年再度整修，1982年将其列为江苏省文物保护单位，标名为“横塘驿站”；1990年第三度修整，同年11月28日，国家邮电部发行了一枚以横塘驿站为画面的小型张，编号为J-174，名称是“姑苏驿”。

从史料记载看，姑苏驿应该有两处，一处在苏州城内、苏州府治西侧（今道前街），另一座在胥门外护城河边，但都早已废弃。我想，邮票将横塘驿站作为“姑苏驿”，一方面是因为横塘也是姑苏的一部分，另一方面应该是视横塘驿为姑苏驿生命的延续吧！

横塘驿站 · 驿亭

## 第二节　三孔古桥说“彩云”

如果说，孤独的横塘驿亭有一位知己的话，那非彩云桥莫属，因为如今的彩云桥，就厮守在横塘驿亭的身边。

彩云桥是一座三孔石拱桥，原先长38米，中宽3. 7米，中孔矢高5. 6米，净跨8. 5米，左右两孔较小。全桥用花岗石构筑，石料加工精细。

彩云桥原先位于横塘老镇北街梢。为弄清桥名的意思，我专门查阅了反映横塘地区历史文化的明代《横溪录》，结果发现了这样的记载：“彩云桥，去普福桥（按，俗称亭子桥）数武而北，独危峻，跨彩云港，故名。”原来是因为河道的名字而得名。这彩云港是大运河西侧的一条南北向小河，后来因大运河拓宽而融入大运河中。

彩云桥始建年代无考。1994年版《苏州市志》称彩云桥“建于民国十一年（1922）前后”，其实这只是一个重建的年份。据《横溪录》中记载，彩云桥于“洪武（1368—1398）中，姚贵捐千金成之”。这段记载，让彩云桥的年龄一下增加了500多岁。

民国《吴县志·卷三十九上·第宅园林》记载：“镇远知府伍余福宅在南濠，孙参议袁萃亦居此，有别墅在横塘彩云桥，名‘翠云庄’。”文人墨客、达官贵人向来喜欢居住在人居环境好的地方，伍袁萃做官做到广东布政使参议，官居从四品，相当于现在的厅级干部，在彩云桥边兴筑“翠云庄”，也是认可这地方的环境之雅了。

彩云桥还有一个特色，就是两端引桥都循道路转弯，使整座桥呈“ ⌊⌉ ”形。

1982年10月，彩云桥被列为苏州市文物保护单位。1991年12月1日，苏州拓宽运河，彩云桥就近转向，迁建在原桥址东面的胥江河上，但样式保持了原桥的风貌。为了做到这一点，迁建时施工人员将每块石料按顺序编号，运到新址后再按编号砌筑。

鉴于胥江较宽，移建后的桥梁宽度拓为3. 9米，长度增至56. 61米，1992年6月8日竣工，跟桥畔的驿站组成独特的水乡风貌。

站在桥上，只见大大小小的船只在大运河上南来北往，或沿胥江向东北而去，其中不乏载重量近千吨的大船。

彩云桥 横塘驿站·驿亭

它们快速驶来，水面上就像漂过一幢幢两层楼、三层楼，货仓里货物堆积如山，砂石、钢筋、泥土、大米、煤炭……类型多样，看得人眼花缭乱。古老的彩云桥，依然沉浸在繁华乡里。

横塘亭子桥老照片

## 第三节　桥顶驮亭成“器”来

横塘亭子桥作为古桥已经不复存在，但它依然保存在人们的记忆中，因为印有它的形象的明信片，早已传遍世界各地，它已经成为苏州一个难以磨灭的印记。

横塘亭子桥大名叫普福桥，南宋《吴郡志》里记录的“横塘桥”，也可能就是这座桥。它的原址在横塘老镇上，横跨大运河，让东街、西街牵起手来。

横塘亭子桥历史上也多次修建，比如明洪武二十年（1387）僧明曌就曾进行募修，并勒石进行记录。明代天启年间（1621—1627）、清朝康熙四十七年（1708）又两度修建，状元文震孟、彭定求分别写了《横塘普福桥疏》和《重建横塘普福桥记》。一座桥惊动两位状元，也算得上一段佳话了。

跟彩云桥一样，普福桥原先也是一座三孔石拱桥。跟彩云桥不同的是，她的桥顶建有一座飞檐翘角的亭子，所以又被称为“亭子桥”。从现存的老照片看，这座亭子规模很大，简直像一座殿堂，可以为过往行人挡雨，亭子南北两侧有窗可供采光和眺望风景。亭额上写有“横塘古渡”四个字。

此桥四只“脚”旁的陆地上各有一口井，每口井上各有一座亭子。根据记载，东北角亭子门框上的匾额写着“百雉回翔”，西北角亭子写的是“万峰耸秀”，东南角亭子写有“玉宇悬河”，西南角亭子则写了“宝云供极”。当时的风水先生说，四口井是四个“口”字，跟亭子桥合起来成为一个“器”字。言外之意，亭子桥是成器的。这样的造型，充满教育意义。是呀，由人建造的桥都成器了，人不成器说得过去吗?

横塘为城西水路要津，亭子桥与桥下日益繁忙的航运逐渐不相适应，在文物意识还不强的1969年，这座桥经苏州市革命委员会批准被拆除了。1972年在原址重建钢筋混凝土人行便桥“横塘桥”。1991年7月，横塘桥因疏拓大运河横塘段又被拆除，后在原桥址向北100余米处建造了一座人行便桥，长80米，宽5米，桥孔高7米，跨度60米，1992年5月18日竣工，桥栏两侧悬“亭子桥”字匾，存续亭子桥的地名基因。2004年9月1日下午，这座桥被货船撞塌。从此，亭子桥再度成为人们心中的念想。

## 第四节　吴越对垒起城台

横塘集镇南面1.2公里处，大运河划出一段弯弯的弧线，开始从南北向转为东西向。从东西向的河道起点算起，南面700多米处有一片高出地表1米多的土墩。土墩西面600多米处的上方山磨盘屿上，则有一道高起的土岗。土岗、土墩隔着越来溪、石湖相对，安静地耸立在日光下、风雨中，似乎这里什么也没发生过。

殊不知，2500多年前，这里曾是吴越两国军队对垒的地方，双方剑拔弩张，都想着要“吃”掉对方，那紧张的气氛，让空气也仿佛凝固起来。

那时候，越国和吴国时常发生战争。据说，越国为了进攻吴国，挖了一条运输水军的河道，这条河道被后人称为越来溪。在溪水的东岸，越军垒土为城作为据点，就是越城，即上面提到的距运河700多米远的土墩。

吴国当然不会坐以待毙。当时的吴国国王并不一直住在阖闾大城里，而是有时候会住在西面的灵岩山上。于是，吴国军队就在越城西面筑起土岗驻守军队，以防越军攻打吴王。土岗围住的区域，被后人称为吴城。

细数吴越两国之间的著名战役，主要有槜李之战、夫椒之战、笠泽之战等，但保留至今的对垒痕迹，也就是越城和吴城了。所以如果要感受两国那段血雨腥风的历史，吴城和越城是必定要去的。

从平面看，越城呈不规则圆形，南北长450米，东西宽400米，面积近18万平方米，被当地村民称为黄壁山。

民国二十五年（1936），考古人员对越城进行了一次发掘，并判断越城是苏州最早发现的新石器时代遗址。遗址下层的马家浜文化距今6000年左右，中层的良渚文化距今5300年左右，稍上层出土的是西周到春秋时代的具几何印纹陶特点的遗物。

由于越城遗址是研究苏州地区新石器时代文化和吴越文化的重要遗迹，1956年，这一遗址被列为江苏省文物保护单位。

至于吴城，我专门去踏访过，现场能看到残存的长达数公里的土岗，宽10—20米，残高2—3米。考古人员发掘后认为，这是春秋晚期的夯土城墙。那应该是吴城的城墙了。

在很长一段时间里，苏州人都把“吴城”写作“鱼城”，还说这里是吴王养鱼的地方。北宋朱长文的《吴郡图经续记》记载，吴城“在吴县西横山下，遗址尚存。盖吴王控越之地，宜为吴城，谓之‘鱼城’，误也”。分析下来，把“吴城”写作“鱼城”，可能是苏州方言中“吴”“鱼”同音的缘故。但还有一种可能，就是苏州人故意把代表战争的“吴城”写成代表悠闲的“鱼城”，一字之差，苏州人热爱和平的内心世界展露无遗。

## 第五节　媲美西湖探石湖

从京杭大运河横塘段向东拐弯处直接向南，循着越来溪走上七八百米，一条东西向长堤横亘眼前，堤身东面是跨越越来溪的单孔石拱桥越城桥，西面是九孔石拱桥行春桥。长堤南面，就是堪与杭州西湖媲美的苏州石湖了。

石湖风景区是国家著名旅游胜地太湖风景区内13个景区之一，面积15.64平方公里，保护区面积50平方公里，素有“吴中胜境”之称，所以明初僧人妙声在文中说：“吴郡山水近治可游者，惟石湖为最。山自西群奔来，遇石湖而止。”

有山无水干瘪瘪，有水无山空荡荡，有山有水好地方。石湖正是这样一个有山有水的地方：山体包括茶磨屿、上方山、吴山及七子山等，水则由越来溪、石湖、荷

上方山与石湖

花荡、大运河、胥江及九曲港、仙人塘港等构成。山层层叠叠，水隐隐迢迢，极富层次感。山坡上、山坳中、山脚下，松、竹、枫、梅、桃等树木郁郁葱葱，给青山披上了乌发；古刹宝塔隐约其间，古桥、古城遗址寓于山水之中。石湖，就是这样一个既有江南田园山水之美，又散布着吴越春秋遗迹的人间胜境。难怪当年乾隆皇帝南巡，也要驻跸于此，范成大、唐寅、文徵明、李根源等历代名流也都曾在此流连。著名的《姑苏繁华图》也将石湖绘入画中，那里本来就是一幅画。

如果说，苏州古典园林是假山假水营造的人间胜境，那么，石湖就是真山真水铺舒而出的大园林。

石湖原先是太湖的一个湖湾，因此，苏州城古代就可以算是在太湖之畔。可惜由于泥沙淤积，如今石湖跟太湖已经颇为疏远了。

苏州人游石湖，最喜欢的日子是农历八月十八。这一天，据说行春桥九个桥洞里每个都能看到一个月亮，连起来是一串，叫“石湖串月”。我去看过，并没有如愿。从科学角度讲，这也是不可能的，应该是人们在乘船或行走的过程中，从每个桥洞里都看到一个月亮而已。但人们宁愿相信“串月”是一个事实，其中寄寓着他们的美好愿望。

有时候正是对愿望的憧憬，才让人们的生活更有滋味。那么，就让这个善意的谎言流传下去吧！

行春

李根源版“越公井”
（图上方露出的白色井圈即为疑似真正的“越公井”）

## 第六节 越公留井上方山

如果可以跑得离运河稍远一些，不妨去上方山国家森林公园，看看治平寺，看看越公井。

2007年9月发现的疑似真正的“越公井”

在苏州众多的寺庙中，治平寺似乎并不起眼，但明朝的时候，蜚声海内外的玉雕高手陆子冈，却曾在这里出家。光凭这一点，治平寺就值得去探秘。

更值得品味的，是隋朝权贵杨素组织开挖的越公井。

先是隋开皇十一年（591），杨素占领苏州后，认为苏州城地处平原，无险可守，而且经过战争，城池已经受损，必须重建，于是将城搬迁到西南面7里的地方，以横山（今七子山）为屏障。

这个新形成的城池，后来被称为新郭（今沧浪新城一带，曾长期属横塘地区）。当时，城池的衙门（州治）设在治平寺内。那里有一口古井，开凿于春秋时期，叫“吴王井”，又被称为“吴王大井”。衙门搬到这里后，军民人数激增，这口上了年纪的井已经无法满足供水需求，到山下取水又不太方便。于是杨素命人重新疏浚这口古井（一说新凿），结果出水可日饮万人，达到了效果。

因为杨素被封为“越国公”，这口大井后来就被叫作为“越公井”。

越公井水质颇佳，曾被人评为天下第四泉。但好景不长，到了500年前，越公井已经只剩井水而没有井栏圈了。再往后，越公井几近失考。

蹊跷的是，1926年名士李根源在《吴郡西山访古记》中却说：“越公井尚存，阔丈余，泉甘洌。”次年，李根源在治平寺里为他找到的“越公井”重新设置了青石井栏圈，并在上面刻了“越公井”“隋开皇十年越国公杨素凿李根源题”“民国十六年张一麐补书”等字。

本来谁也没有怀疑李根源考证的可靠性。但2007年9月，石湖景区工作人员在刨地时，在李根源认定的“越公井”西南面约六米处，意外发现了一口埋没于地下的“巨无霸”古井。古井一上一下叠放着两个井栏圈，上面一个较小，是花岗石井圈，上刻“涧筠泉”字样；下面是青石八角瓜楞形井圈，内壁为圆形，外径98厘米，内径46厘米，高53厘米，井的直径目测在2米以上，为罕见大井。井圈内壁边缘有30多道深浅不一的吊绳勒痕，最深的达3厘米左右，见证着古井历经的岁月沧桑。古井内壁砌着细长而发黑的青砖，看上去年代相当久远。

尽管不知在地下埋了多少年，古井的水依然清澈；尽管身处半山腰，雨季水面离井口却不过一两米，而且还不停翻腾，水面隐约可见一圈圈波纹，显然属于山泉井。

既然旁边已有一口“越公井”，为什么还要不畏艰辛，劈山开石开凿这么大的井？古井地势这么高，水为什么还会这么多？水质既然这么好，这口古井为什么会被埋在地下？一个个难解之谜，给古井披上了一层神秘的面纱。

相比之下，反倒是李根源认定的“越公井”，井栏圈要小得多，而且水面也没有翻腾现象，让人怀疑能否每天供上万人饮用。许多人推测，地下发现的古井，有可能是真正的越公井，井下很可能有泉眼，波纹就是泉眼里泛上来的水形成的。后来因故被埋没，寺院僧人就重新挖了一口。到民国时期，李根源以为后来挖的这口井是越公井，就给装上井栏圈，并题上“越公井”字样，最终导致了张冠李戴。

## 第七节　石湖之畔荷花荡

听到苏州荷花荡这个名字，许多人也许会想到在葑门外的黄天荡一带。其实，江南水乡苏州还有一处荷花荡，又称荷花塘，地点在石湖西北面，行春桥北侧，地属横塘范围，离京杭大运河也相去不远。

《辞海》解释："荡，积水长草的洼地"；"塘，水池，堤"。

这个荷花荡（塘），是积水长荷花的洼地、池塘。明朝著名书画家文徵明的老爸文林（1445—1499）曾写诗对它进行过歌咏，题为《荷花荡夜归次吴水部德征韵》：

采芳日暮未言归，处处村家掩杼机。
水漫莲洲愁路断，月明莎渚觉鸥飞。

荷花荡

高歌小海风波急，回首横塘烟火微。
兰棹屡移樽屡倒，不知露下已沾衣。

诗中“回首横塘烟火微”，分明就说明，这首诗写的是石湖之畔的荷花荡。

明代正德《姑苏志》对石湖荷花荡也有详细介绍：“越来溪由跨塘桥折而南走为走狗荡，荷花荡在焉。”看来明朝的时候，这处荷花荡还是很有影响的。

《横塘镇志》则称，荷花荡“历史上附近村民以种植荷、菱、茭白为生……清代，荡已多植茭白”。

石湖荷花荡一带出产的茭白品质颇佳，名叫“吕公茭”。至于为何叫这个名字，明代《石湖志》写道：“俗传吕洞宾过此所遗者。”这种茭白上市时间早，而且还能生吃，“惟出石湖荷花荡者，夏初便可食，味甘嫩，可生啖”。

石湖荷花荡以前有水面280亩，1981年改成鱼池，前些年起恢复部分水面种植荷花。花开时节，行春桥、上方山、石湖一带幽香四溢，让人心旷神怡。无花时节，莲叶田田或残荷孤影，也是如画的景观。

## 第八节　秀樾横塘觅胜迹

行走横塘，值得看的胜迹太多，值得听的故事太多，因为这里的积淀太深厚。

去看看上方山上的拜郊台吧。这是一块台状小丘，野树丛草中隆起的一块略微倾斜的巨石上，镌刻着李根源民国十一年（1922）题写的“郊台”两字。据记载，这是春秋时吴王郊祭拜天、祈求上苍庇佑的地方。

去走走行春桥和越城桥吧。行春桥位于石湖北首，据说始建于宋朝之前。清代雍正年间（1723—1735）顾嘉誉编撰的地方志书《横山志略》称，原桥有十八孔。现存九孔，俗名“九环洞桥”，全长54米，以长堤与跨越来溪的越城桥相连接，现为江苏省文保单位。桥头和桥栏上的石雕狮子栩栩如生。

越城桥系单孔石拱桥，因邻近越城而得名，因跨越来溪，又名越来溪桥。桥呈半圆弓形，当地民间初称“吞月桥”，后讹传为“月亮桥”。越城桥始建时间无考，南宋《吴郡志》已有记载。现存桥梁为清同治八年（1869）重建。全长33. 2米，宽5. 4米，跨度9. 5米，矢高4. 8米，花岗石构筑。1982年10月被列为苏州市文物保护单位。

走在行春桥、长堤、越城桥上，可以沐浴石湖的水汽，可以感受荷花荡的荷香，可以聆听岁月静好。

驾车的话，去走走晋源桥吧。这座大桥位于横塘集镇南侧大运河上，是苏州城区通往木渎等处的重要公路桥梁。因1931年始建时是由张晋源出资，所以建成后命名为“晋源桥”。如今晋源桥虽然已重建、扩建，但还沿用着原来的名字。走过这里，你能感受义举对社会的重要。

在横塘历史上的管辖范围内，还有新郭桥、杨素桥、东跨塘桥、孙武子桥等著名桥梁。虽然由于区划调整或历史变迁，有的桥梁不归横塘了，有的已经拆除或改建了，但苏州高新区运河文化中，它们依然有一席之地。

且行且看，我们也许还能看到更多不为人知的风景，听到更多不为人知的故事，感受更多空谷幽兰般的纯净，这些，就是低调而诗意的横塘。

# 河间情

地以人传，人以地名。

苏州高新区运河沿线这方神奇的土地，不仅有旖旎从风的山水风光和星罗棋布的历史遗迹，更留下了孙武等一大批名人的脚印，培育出虎牌蚕种、白荡菱、枫镇大面、乌米饭、莲藕、茭白等特产。众多的文人墨客，还留下了描写浒墅关、枫桥街道、横塘的诗词。

运河流芳

## 第一节　丹心风骨

地灵必然人杰，那神奇的土地不是“长”出奇异果，就是吸引“凤凰”栖息。苏州高新区运河沿线这片钟灵毓秀的土地，先后吸引了一大批名人迁居、筑墓，包括孙武、朱桓、支遁、顾野王、贺铸、范成大、申时行、陆子冈、郑辟疆、费达生等，也曾走出京剧名角冯子和、苏州评弹名家徐丽仙等名人。相比之下，迁居而来的或筑墓于此的人，名气比土著更响，以至于土著名人的光环，都被这些“外来户”遮挡了。

孙武彩像 明人绘

## 孙武筑宅孙家村

兵圣孙武的《孙子兵法》举世闻名，已成为“智谋”的一个代名词，相关的点评、研究文章、研究专著铺天盖地，但有关孙武的生平，确切资料并不多。于是，他的隐居地、住址出现了众多版本，其中一个版本是，他的住宅在苏州高新区横塘乡（镇）曙光村孙家村。

《史记·卷六十五·孙子吴起列传第五》里关于孙武的早期记载只有500多字，简要交代了孙武的姓名、籍贯，详细讲述了孙武训练宫女的故事，最后简要提到了孙武在阖闾西破强楚、北威齐晋过程中的作用。

训练宫女的故事几乎已家喻户晓，大致意思是，吴王阖闾看了孙武献上的兵法后将信将疑，就问孙武，能否当场用妇女试试，孙武满口答应。于是阖闾选出180名宫中美女，孙武把她们分成两支队伍，让阖闾的两名宠妃分别担任队长。训练中，宫女们嘻嘻哈哈，不把军令当一回事，孙武不顾阖闾劝阻，下令将两个队长斩首，其他宫女见状，吓得脸色煞白，连忙乖乖听从指挥。阖闾虽然为失去了两名爱妃而心痛，但他爱美人更爱江山，还是用孙武为将，最终成为春秋一霸。

我真心佩服阖闾的胸怀与气度，他不但没给孙武“穿小鞋”，还如此重用他；更佩服孙武的治军之道——有的人只会纸上谈兵，有的人只会粗莽蛮战，孙武却将军事理论与实践完美地结合了起来，这背后，是智慧，也是顶真。一个人既聪明又认真，还有什么不能攻克的呢？

孙武的军事著作《孙子兵法》旧传本为13篇，近6000字，是世界上最早的军事著作，在世界军事科学史上有着重要地位。如今，许多国家相继翻译出版了《孙子兵法》，将其推崇为“东方兵学鼻祖”“兵书圣典”“世界古代第一兵书”。

功成名就后的孙武，踪迹在我国早期的史籍里没有记载。100多年前的同治《苏州府志·卷四十六·第宅园林二》记载：“孙武子宅在枫桥西南孙武子桥侧。”这里的“枫桥”指的显然是古桥“枫桥”。按中华人民共和国成立后的方位，孙武宅的具体位置在横塘乡（镇）曙光村孙家村，也就是今天的苏州高新区滨河路、邓尉路交叉口南侧的孙武子桥一带。

孙武子桥俗名孙家桥，原为方孔型花岗石板桥，长约

5. 5米，宽约3. 5米，1958年拓宽枫金河时被拆除。

现在，孙武宅早已不知踪影。但在原址东面一两百米处重建的孙武子桥，却静静地横跨在枫金河上，供人凭吊往哲，发思古之幽情。

如今的孙武子桥

## 朱桓安葬朱墩村

横塘街道南面、七子山东北麓，今天的苏州科技大学东南侧，有一个叫“朱墩村”的村子。名字听起来怪怪的，其由来并不复杂：那里原先有个墩，里面葬着一位吴国将军，姓名叫朱桓（177—238）。

根据《平江岑川朱氏家谱》记载，朱桓的祖父叫朱卓，是沛国朱氏南迁丹阳的始祖；父亲叫朱儁（？—195），曾担任交趾（今越南北部）刺史，南征叛乱有功，后来官至太尉，位列三公。

不少论者认为朱儁的籍贯是会稽上虞，但这并不妨碍他的下一代变成吴郡吴人的事实，因为这个事实在《三国志·吴书》中有明确记载。分析下来，这可能是朱家追随孙权的关系。朱桓的哥哥朱皓（？—194）曾担任豫章（今属江西）太守，在攻战中被杀。朱桓的堂弟（也有说是亲弟的）朱据（194—250）才貌双全，被孙权招为驸马，朱据之女又嫁给孙权的第六个儿子孙休，吴郡朱氏于是成了皇亲国戚。可这辈分也够乱的——孙休本来是朱据的舅子，朱据的女儿嫁给他，他就比朱据小一辈了。

朱桓为人高傲，不喜欢被人驱使，但以勇烈闻名。他担任余姚的“一把手”时，当地发生瘟疫，朱桓就派部下官吏医治病人，并给病人赠送粥饭。后来丹阳、鄱阳的山贼蜂拥而起，攻陷城池，杀害地方官员，到处安营聚集。朱桓统领诸将征讨贼众，所到之处贼众全部被平定。后来朱桓又击败魏将曹仁，因军功被封为新城侯、奋武将军。

我对朱桓印象最深的，是他的“捋虎须”故事。那是孙权为朱桓送行时，朱桓忽然端起酒杯对孙权说，自己就要离开陛下远去了，如果能摸一下陛下的胡须，他这一生也就无怨无悔了。孙权放下威严，满足了朱桓的请求，于是朱桓感叹说，自己今天可以说是捋到“虎须”了，引得孙权哈哈大笑。后来人们就用“捋虎须”比喻冒犯厉害的人。

朱桓为人重义轻财，俸禄产业都与亲属共享。据说他的记忆力极好，与人见过一面，过几十年都还能认出来。手下一万多名士兵及他们的妻、子，他都不会弄错，而且对他们关爱有加。

唐朝《吴地记》记载，朱桓去世后葬在“横山”。“横山”就是今天的七子山，“朱墩村”正在七子山东北山脚下。民国《吴县志》则说，朱桓墓“在横山朱墩村西，吴荫培立碣”。吴荫培（1851—1931）是清末的探花，民国时期曾创办吴中保墓会。其时，他不顾年老体衰，积极查访名人墓葬，并立石碑进行保护，精神实在可嘉。可惜短短一百年过去，朱桓墓还是找不到了，朱墩村如今也已完成动迁，地块将成为苏州科技大学校园的一部分。

苏州科技大学如果重视历史，以“朱墩”“朱桓”之类的名字来命名校园内的道路或建筑，或者为朱桓树碑立传，应该是很有意义的。

## 支遁结缘苏高新

白马涧，一个让人浮想联翩的地名。这里所说的白马，有人说由越王勾践放养，但更多的人说跟晋代高僧兼名士支遁有关。

支遁（314—366），字道林，世称支公、林公，俗姓关，陈留（今河南省开封市南）人。当时由于社会心理失衡，由老庄“无为”学说与佛学糅合而成的玄学，一时成了大家的救命稻草。于是，士大夫们和名僧“谈玄论佛”“以玄解佛”成为一种时髦。支遁对玄学有着深入的研究，尤其擅长讲解《庄子·逍遥游》，因此吸引了众多名士听讲，连著名的书法家王羲之也为之倾倒。

纵观上下五千年，佛教虽然在汉代已经传入中国，但将其作为一种哲学理论来研究，还是东晋以后的事。支遁凭着对老庄玄学标新立异的阐释，推动了崇佛之风，成为佛教中国化过程中的重要人物。

那支遁和苏州高新区运河沿线又有什么关系呢？依我看来，主要有两重。

第一重关系是在这里传教。唐代陆广微的《吴地记》

记载："支硎山，在吴县西十五里。晋支遁，字道林，尝隐于此山……山中有寺号曰报恩，梁武帝置。"支遁的"支"，再加上山石平整如硎（硎是平整的石头），于是这座山就被叫作支硎山了，又名报恩山、南峰山。离支硎山不远的花山寺、阳山文殊寺，相传也由支遁开山。

约343年，支遁还在花山附近的土山墓下举行了一次"八关斋"，并留下了三首《八关斋诗》。八关斋会实际上是一种高僧与名士自由争鸣的讨论会，相当于今天的佛教论坛，预示着佛教中国化发展新阶段的到来。

第二重关系是牧马。支遁爱马，尤其爱白马，因此取"白马道人"为号。《吴地记》说支遁得道后也是乘白马升云而去的。苏州高新区白马涧（简称马涧）、白荡等地名，据说都和支遁牧马有关（详见第一篇）。

一晃1000多年过去了，白马涧、支硎山、花山等地的支遁遗迹已难以查考，但他和他的宝马的传说，却依然活在后人心中。

韩幹《神骏图》（反映支遁故事，辽宁省博物馆藏）

## 野王长眠落星坟

站在石湖西南面那个不过半人高的土墩前，面对松树、巨石，我向长眠在这里的顾野王敬礼。

2011年5月17日，苏州市职业大学成立三十周年暨苏州工业专科学校建校百年庆典大会隆重举行。作为校庆活动的实事工程之一，位于苏州市职业大学内的顾野王墓也整修一新，迎接人们参观。这个俗称“落星坟”、一度荒凉杂乱的古墓，从此变成了优美的景观区。

顾野王墓（落星

落星坟前的顾野王雕塑

顾野王（519—581），字希冯，吴郡吴县（今苏州）人，南北朝时期的文字训诂学家、史学家。他从小聪慧，9岁就写成《日赋》；12岁随父去建安（今福建建瓯），后撰成《建安地记》两篇。成年后，他历任梁朝太学博士、陈朝国子博士、黄门侍郎等官职，在职期间勤于笔耕，著述涉及文学、文字学、方志、史学等方面。在担任梁朝太学博士时，他奉命编撰字书，于是他搜罗考证汉魏齐梁以来古今文字形体、训诂的异同，编撰成《玉篇》三十卷。这本书是继东汉许慎《说文解字》后的又一部重要字典，也是我国现存最早的楷书字典，起到了规范楷书的作用，顾野王因此被后世誉为“楷书宗师”，其贡献被认为超过颜真卿、柳公权等书法大家。

让人不敢相信的是，当时他还是个25岁的“小鲜肉”呢。

此外，顾野王还编纂了全国性总志《舆地志》三十卷、《顾氏谱传》十卷、志怪小说《续洞冥记》一卷、文集二十卷等作品，真可谓著作等身。

但他依然不满足，还雄心勃勃地撰写起《通史要略》《国史纪传》，可惜这两部作品还没完成的时候他就去世了。更为可惜的是，除《玉篇》外，顾野王的其余作品都散佚了。

顾野王还擅长丹青，又是个颇有胆识的人。梁末侯景之乱，当时皇子王侯还在徘徊，准备坐观其变，只是个小官的顾野王却奋起在家乡招募义军，驰援京师，真是能文能武，全才型人才。

顾野王墓坐落于石湖越来溪畔、上方山下，原属横塘镇新丰村前下舟自然村，现归吴中大道支路致能大道旁的苏州市职业大学校园，其核心区占地约50平方米。当地有“宁可赤脚奔，莫踏顾公坟”的俗谚，表达了人们对顾野王的尊重。顾野王墓现为苏州市文物保护单位。

在民间，这座富有传奇色彩的坟被称为“落星坟”，这与墓区的几块大石头有关。

其中，墓东侧斜卧着一块长约6米、宽约3米、平均厚度超过1米的浅黄色花岗岩巨石。根据石头的比重测算，重量应该有四五十吨；北侧平卧着一块两米见方的铁褐色石英砂岩石块，石上镌有清代嘉庆八年（1803）一代儒宗钱大昕所书“陈黄门侍郎顾公之墓”字样。

这个坟周边都是平地，要取石头，去最近的山体也要两三里路，在没有挖掘机等大型机械的1000多年前，把这些大石头搬过来是不容易的。因此民间传言，这几块石头是顾野王下葬后从天上掉下来的，象征“巨星陨落”。

虽然苏州地学专家蒯元林等否认了这些石头是陨石，但专家们同时表示，弄清这么大的石头是从哪里运来的、怎么运来的，也是很有价值的。

2011年，苏州市职业大学在专家论证的基础上，投巨资对这一墓区进行了大规模的修缮和周边环境的整治。从此，整个顾野王墓景观区面积扩大到40余亩，这个一度杂草丛生的地方重新焕发了生机。

一个有着重要贡献的历史人物，理当受到这样的尊崇，尤其是在苏州这样的崇文之地。

## 令威炼丹传“升仙”

阳山东侧偏北的支脉白鹤峰上，相传曾有一个叫丁令威的道人在此炼丹，最后“升仙”而去，引得人们羡慕不已。南宋《吴郡志》第八卷对此记载：

丁令威宅在阳山文殊法海寺，有炼丹井存焉，号“令威井”。

对于丁令威到底是怎样一个人，田园诗人、不肯为五斗米折腰的陶渊明所写的《搜神后记》卷一说：

丁令威雕像

丁令威，本辽东人，学道于灵虚山，后化鹤归辽，集城门华表柱。时有少年举弓欲射之，鹤乃飞，徘徊空中而言曰："有鸟有鸟丁令威，去家千年今始归，城郭如故人民非，何不学仙——冢累累！"遂高上冲天。

这则故事是全书近120篇传说故事的第一篇，脍炙人口的《桃花源记》也屈居其后，足见丁令威之神。

成书于北宋初期的《太平广记》引《纂异录》"嵩岳嫁女"说，西王母宴会周穆王和汉武帝，席间"麻姑弹琴，谢自然击筑，丁令威唱歌，王子晋吹笙"，可见丁令威已不是一般的得道之人，而是西王母的表演嘉宾了，年代则跟周穆王（约前1054—前949）、汉武帝（公元前156—前87）同时代。周穆王、汉武帝两人相差八九百年，缘何一起聚会？这事当然只能发生在传说故事中，说明丁令威此人也只是传说人物而已。

传说归传说，丁令威化鹤典故却常被唐宋文人引用，并承传至今。

比如唐代伟大的浪漫主义诗人李白在《醉后答丁十八以诗讥余捶碎黄鹤楼》中写道：

一州笑我为狂客，少年往往来相讥。
君平帘下谁家子？云是辽东丁令威。

被著名作家毕飞宇誉为“中国文学代表人物”的苏东坡，也在《和陶（渊明）移居二首》里写道：

古观久已废，白鹤归何时？
我岂丁令威，千岁复还兹。

直到现当代，丁令威还时时被人提起。比如鲁迅在《中国小说史略》里提到，五百年后丁令威的后身叫丁野鹤。郑振铎于中华人民共和国成立前夕对朋友说：“丁令威化鹤归来，城郭如故。将来我倒想重写这个故事，化鹤归来，城郭焕然一新。”

古人、现当代人都喜欢丁令威，看来他实在是人见人爱，花见花开。在我想来，他确实有许多方面值得喜欢：

他毅力坚强。修仙学道之路十分漫长，需要耐得住寂寞、耐得住艰辛，许多人半途而废，可丁令威却扛了下来，最终功成名就；

他关爱自然。他在辽东时就爱护仙鹤，喂养仙鹤时任它们自由来去；成仙得道后，他自己又化作仙鹤，体现了人与自然的和谐；

他多才多艺。他不但道术高明，还善于歌唱，不但化作仙鹤，在家乡的华表柱上唱“有鸟有鸟”歌，还在西王母的宴会上一展歌喉。那“高大上”的宴会可不是随便谁都有资格去演唱的，丁令威必定是个“麦霸”，才有可能受邀露脸；

他有情有义。已经“升仙”千年，可他依然没有忘记家乡和家乡的人民，竟千里迢迢飞落家乡的华表柱上，为家乡歌唱……

正因为受人喜爱，所以不少风景名胜区都乐打丁令威牌。比如辽宁省鞍山市千山国家级风景名胜区就宣称：“仙人台，以丁令威成仙化鹤归来的传说而得名，为千山第一高峰。”苏州阳山的丁令威传说和遗迹，也为阳山增了光、添了彩，吸引着众多游客前往。

## 贺铸代言横塘路

凌波不过横塘路，但目送、芳尘去。锦瑟华年谁与度？月台花榭，琐窗朱户，只有春知处。

碧云冉冉蘅皋暮，彩笔新题断肠句。试问闲愁都几许？一川烟草，满城风絮，梅子黄时雨。

这首词牌名为《青玉案》的词，出自北宋词人贺铸（1052—1125）之手。其中“试问闲愁都几许？一川烟草，满城风絮，梅子黄时雨”，连用三种意象表现出愁思的广度、密度和长度，化抽象无形的情思为具体可见的形象，构思奇妙，堪称绝唱。贺铸因这首词而获得了“贺梅子”的雅号。宋金词人步其韵唱和仿效者多达25人28首，

贺铸像 苏文绘

这在唐宋词史上是独一无二的。

贺铸字方回，又名贺三愁，原籍山阴（今浙江绍兴），出生于卫州（今河南卫辉市一带），自称是写“少小离家老大回”的唐朝诗人贺知章之后，因贺知章居住于庆湖（即镜湖），所以自号“庆湖遗老”。

贺铸身高七尺，按说北宋的尺实际长度已接近现在，就算有所夸张，但他身高在2米以上应该是没有问题的。

贺铸生性耿直，不喜欢奉承溜须和结交权贵，程俱《宋故朝奉郎贺公墓志铭》说他“喜面刺人过。遇贵势，不肯为从谀”。所以虽然贺铸是宋太祖贺皇后的族孙，妻子也是宋朝宗室之女，但官运并不亨通，只做过泗州通判、太平州通判之类的小官。北宋大观三年（1109），贺氏退隐苏州。据明朝正德《姑苏志》、民国《吴县志》记载，贺铸居住在城里的升平桥，并在横塘建造了小筑（别墅），经常在苏城与横塘之间泛舟往来。

一般来说，“文如其人”，但贺铸是个另类。他面色青黑如铁，眉目耸拔，人称“贺鬼头”，并不好看，他的词却“雍容妙丽，极幽闲思怨之情”，风格上兼有豪放、婉约二派之长，英雄豪气与儿女柔情并存，长于锤炼语言并善于融合前人成句，惹得南宋爱国词人辛弃疾等名家都爱慕不已，纷纷续写他的作品。

贺铸的《青玉案》十分出名，广为流传，自此“横塘”一词名闻天下。所以后人编撰的志书里，常常将横塘与贺铸联结在一起，贺铸的诗词成了“横塘”的代名词。

### 成大归隐石湖畔

南浦春来绿一川，石桥朱塔两依然。
年年送客横塘路，细雨垂柳系画船。

我很喜欢范成大（1126—1193）的这首名为《横塘》的诗。范是苏州城里人，但后来悠然归隐石湖之滨，前去看望他的朋友络绎不绝，返回的时候范成大少不了要送一程，于是，介于苏城和石湖之间的横塘，就成了他的必经之地，也被他写进了诗词中。

范成大南宋绍兴二十四年（1154）考中进士，此时他尚未到而立之年，可谓少年得志，后来担任过处州（今浙江丽水）知州、建康（今南京）知府、礼部尚书、参知政事（副宰相）等职务。

都说南方人文弱，看了范成大，你一定会扭转这个印象。看，南宋乾道六年（1170），范成大为索取河南“陵寝”地和改变接纳金国诏书礼仪之事，奉命出使金国，其间他不畏强暴，慷慨抗节，差点被金国太子杀害，最终不辱使命而归。

范成大又是个体恤民情的好官。比如他在处州任上创立义役，规定老百姓以都、保为单位，根据役户多少和职役情况，各家按贫富“众筹”买田（义田），用收获的田

范成大像

谷资助从役人员，解决了服役人员的后顾之忧。在建康知府任上，他奏请开仓赈济饥民，又下令驱捕蝗虫，为老百姓办了不少实事。

范成大还善于写诗，是南宋“中兴四大诗人”之一（其余三人为尤袤、杨万里、陆游），所写诗词风格平易浅显、清新妩媚，作品在当时就有显著影响，到清初影响尤大，有“家剑南而户石湖”（“剑南”指著有《剑南诗稿》的陆游）之说，也就是家家户户都读陆游和范成大的诗了。

晚年所作的《四时田园杂兴》六十首是范成大的代表作。这些诗歌描绘了农村景物、风俗人情和农民生活，风格清新明快、优美流畅、富有韵味，有民歌特色。难怪钱锺书说这些诗“算得中国古代田园诗的集大成”。

史学家、地理学家、从事旅游工作的人喜欢范成大的理由是，范氏做事踏实，他的《桂海虞衡志》《吴船录》等著作描写了祖国风光、风土人情；《吴郡志》则全面记录了当时苏州的自然、社会、政治、经济、文化等情况，内容都是货真价实、经得起历史检验的。

范成大还是推动石湖开发的大功臣。他不但在石湖边买地建房、栽梅种菊，还放言“凡游吴中而不至石湖、不登行春，则与未始游者无异”，为石湖做了个大广告。这和苏东坡“游苏州而不游虎丘，乃憾事也”（原话是“过姑苏，不游虎丘，不谒闾丘，为二欠事”）的说法简直如出一辙。

南宋淳熙八年（1181），宋孝宗御书“石湖”两字面赐范成大，本来鲜为人知的石湖，从此名扬天下，以至于清代乾隆皇帝下江南也要去石湖转一转。

立德、立功、立言，都是让人不朽的途径。范成大既有德，又有功，还立了言，能不彪炳千秋吗？

## “元宰”大墓藏吴山

弹词《玉蜻蜓》在苏州几乎妇孺皆知，“卷”进其中的明代状元、宰相申时行也因此而家喻户晓。他的墓葬，就在石湖景区的吴山景群里，也是苏州现存的最大古墓。

申时行像

申时行（1535—1614），字汝默，号瑶泉，明代苏州人，因其祖父过继给徐姓舅家而从小姓徐，直到 28 岁考中状元后，才申请改回本姓。申时行 44 岁就入阁，成为一名“副国级”（次辅），49 岁时更做到了“正国级”（首辅），是历史上为数不多的状元宰相之一。

有人批评申时行是个“和事佬”，政治上没有多大建树。这话虽然不假，但依我看来，在当时复杂多变的政治背景下，申时行能委曲调剂，调和文官之间尖锐的矛盾，减少纷争，稳定大局，帮助明朝度过一个混乱阶段，实在是很了不起的。就像汽车在恶劣天气中行驶时，你能把好方向盘，保证不翻车、不撞车，就是高手了，谁还管你开多快呢?

申时行之所以能做到这一点，最重要的法宝是他一以贯之的“柔性”处事方式。这里可以举一个简明扼要的例子说明问题。那是申时行告老还乡后，想扩建自己的家宅，就和一户做梳子生意的邻居商量，希望收购对方的宅子。尽管申时行出价很高，但邻居不为所动。有人提议通过官府强买，拔掉这个“钉子户”。申时行没有这样做。他的对策是，让管家到这家梳子店购买大批梳子，有客人上门就送上一把，还积极为梳子“代言”，夸赞这梳子质量如何好。很快，这家梳子店名声大振，生意兴隆。这时候邻居发现，自家店面、仓库都不够用了，必须另外找地方扩大经营，但他毕竟是小本经营，拿不出多少银子，必须“以房换房”。于是邻居主动找到申时行，请求他买下自己的房子。这样，申时行只用了两三年时间就实现了自己的愿望，而且邻居也一起受了益。

在政治上，申时行用的也是这种办法，所以让万历朝出现了相对和谐的新气象，他本人也赢得了“太平宰相”的美名。

去世后，申时行被安葬在祖坟所在地。因为多次参观、采访，我对这个墓还是较为了解的。历史上，这个墓区占地达200亩，除墓冢外，还有墓道门、照池、享堂等建筑，以及石人、石马等雕刻，享堂内有八块皇帝谕祭碑刻，是明代高官显宦墓葬的典型，十分罕见。难怪见多识广的李根源也说：“吴中古墓宏大恢皇，完整无缺，此为第一。”

1995年起，有关部门陆续修复了申时行墓园的碑亭、大门、神道、享堂、照池。2008年3月，苏州博物馆考古部对照池以西的墓冢部分进行了清理、探测。在此基础上，2009年8月起，石湖景区按照修旧如旧的原则，对掩隐在竹海里的申时行墓冢进行了整修。

申时行墓神道入口

顺便提一下，在弹词《玉蜻蜓》中，主角徐元宰的身世与申时行十分相似。据说，申时行与《玉蜻蜓》扯上关系，起因是他与另一位首辅王锡爵（太仓人）私下结怨，于是，两人的门客互相写文章诋毁对方，其中王锡爵门客所写的就是《玉蜻蜓》，影射申时行是尼姑的私生子。然而，我查过史料后发现，这一说法并不靠谱。实际上，王锡爵曾因事遭到“妖言惑众，聚众谋反”的指控，幸亏申时行相救才躲过一劫。为此，申、王两家还结成了亲家，申时行的长孙女许配给了王锡爵的长孙王鸣虞，曾孙女又许配给王锡爵的曾孙王揆。如果两家私下结怨，还可能如此友好地结亲吗？

不过，如果没有这样的“狗血”故事，人们对《玉蜻蜓》还会如此关注吗？

如今新片上映前，男女主角饰演者往往会传出点“故事”，恐怕都是学的《玉蜻蜓》吧？

## 子冈隐身治平寺

苏州自古就是我国的玉雕重镇。工业园区的草鞋山遗址、昆山绰墩山等地出土的距今6000多年的琢磨玉璜，是我国迄今发现的最早玉器之一。此后，苏州玉雕一路走来，到明清时期进入鼎盛，从业人员众多，玉雕技艺更闻名大江南北。明人宋应星《天工开物》一书中因此记道：“良玉虽集京师，工巧则推苏郡。”

如果要推古代苏州玉雕界的第一人，恐怕非陆子冈莫属。而这位神乎其神的顶尖工艺家，也曾结缘苏州高新区。

陆子冈也被写作“陆子刚”，他活跃于16世纪后半叶，以高超的琢玉技艺被文人雅士奉为上宾，晚明的江南文人如王世贞、高濂、徐渭（徐文长）、陈继儒都曾在著作中记录过陆子冈雕玉的事迹。

民间有关陆子冈的故事就更多了。比如有故事说，某年苏州有个县官准备将家藏的一只羊脂白玉九龙杯送给上司，送之前叫差人清洗，可差人不小心把龙尾巴碰断了，县官大怒，把差人关进了牢房。差人的妻子日夜痛哭，陆子冈得知缘由后就去见县官，说他可以修，条件是要放了“闯祸”的差人。县官一看是陆子冈站出来，立马答应。陆子冈拿了羊脂白玉九龙杯反复琢磨，最后在断掉的龙尾四周雕了一片云头，把龙尾遮住，好像这龙刚从云里钻出来一样，比原来的更加鲜活，县官看了十分高兴。但放走陆子冈后，县官仔细端详羊脂白玉九龙杯，发现底下竟多了几行字，用放大镜一照，原来是首讽刺诗：“羊脂白玉变色龙，你追我赶急匆匆。酒干杯净浮云散，水月镜花一场空。”县官气坏了，下令捉拿陆子冈，但陆子冈就像人间蒸发了一样，再也找不到了。

最近一二十年，陆子冈又被塑造成不畏皇权、因坚持理念而被杀的悲剧英雄：皇帝叫陆子冈雕玉茶壶，交代他不许刻自己的名款，陆子冈却偷偷将名字刻在茶壶内壁，虽然刻得很浅，但还是被皇帝发现了，陆子冈最终被斩首。

这些故事是真是假，难以考证。但有这么多记录、这么多传说，说明陆子冈确实是琢玉高手，备受关注。

众所周知，玉器硬度大，在生产工具较为落后的古代很难雕琢。陆子冈成功的秘诀，据说是他独创了精工刻刀——锟铻刀。但这件宝贝他从来秘不示人，操刀技法也不透露给别人，结果他去世后锟铻刀和技法就失传了。

实际上，陆子冈对玉器的材质要求也很高，这样才保证了玉雕作品的精美。1942年赵汝珍的《古玩指南》记载，陆子冈选玉时，只要有微瑕就弃之不用，他制作的玉器都“均平如一，无或深或浅之处。而所刻之字均系阳文”。

陆子冈玉雕作品

一般认为陆子冈是太仓人，怎么会跟苏州高新区扯上关系？道理很简单，人是活的，陆子冈生活的年代，苏州已成为全国东南的经济、文化中心，到苏州城区或近郊“苏漂”成为一种潮流，于是陆子冈就来到了苏州城区或近郊，据说他的技艺就是在横塘的一家玉器作坊学到的。

《横山志略》卷五记载：

陆子刚，碾玉名手也，造水仙簪，玲珑奇巧，花茎细如毫发。年未六十，忽有方外之思，为僧治平寺，十余年不入城市，亦奇人也。徐文长有诗。

治平寺在石湖西岸的上方山东坡，苏州高新区横塘街道地段。在寺院醒目位置做块介绍陆子冈曾归隐于此的牌子，应该是很有必要的，不为炒作，只为纪念这位将工匠精神发挥到极致的玉雕大师。

## 冯郎京剧称“圣手”

爱国诗人柳亚子曾用一句“上天下地说冯郎”来赞美一位京剧旦角，这位旦角叫冯子和。根据《苏州市志》《枫桥镇志》等记载，冯子和是大运河附近的狮子山人士（一作白马涧人）。

冯子和（1888—1941），初名旭，字旭初，号春航。一个清末至民国时期的苏州人，怎么会结缘京剧呢？这要从他的父亲冯三喜说起。冯三喜小时候去虎丘游玩，被人拐骗到京城，卖给戏班子，于是学习演戏，成为一代名伶。他先攻青衣花旦，后来改为老旦，是京剧四大徽班之一“四喜班”的台柱。冯三喜后来得知自己是被拐卖来的，就回到苏州一带发展。

本来日子已经过得有滋有味了，不料天有不测风云，在一次北上途中，冯三喜钱财被盗，家道就此衰落。

冯子和像

冯三喜共有三个儿子，冯子和最小。正在冯家穷得揭不开锅的时候，冯三喜的好友、著名京剧演员夏月珊看到了冯子和，顿时眼睛一亮，认为冯子和是个可造之才，就收他为徒。果然，冯子和聪明伶俐，又勤学苦练，很快就能登台表演了。

刚开始的时候，冯子和唱青衫，因与著名青衣常子和很像，所以取艺名为“小子和”。他除长期在上海演出外，还到杭州、苏州、南京、汉口等地献演，一时间远近闻名，是民国初期被业界看成唯一能与北派魁首王瑶卿平分秋色的南派大师，时有“南冯北王”之称，又有“表演圣手”的美誉。

许多时候，技艺和创新是矛盾的。有人技艺好，但不敢创新，怕因为创新而被人指责为走样；有人喜欢创新，但技艺不够，使得创新成了无本之木、无源之水。冯子和的可敬之处在于他既有技艺，又能创新。

思想上，他接受民主思想，和著名革命社团——南社关系密切。1909年11月13日，南社在苏州虎丘山塘街成立时，他特意从上海赶来参加，并演出了时事新戏《玫瑰花》等表示祝贺。辛亥革命时，他又参加了攻打上海江南制造总局的战斗。

职业上，他主张戏剧应起改良社会和通俗教育的作用，并主张京剧革新。他对“青衣死唱”和花旦、刀马旦不注重唱功等不足进行改进，编演的代表剧目有《血泪碑》《恨海》等。

中年嗓音嘶哑后，冯子和脱离舞台，悉心授徒。晚年从事编剧，编有《姐妹花》《温如玉》等剧本。爱国诗人柳亚子曾编纂有评论冯子和演剧艺术的诗文集《春航集》（二册）行世。

如今，狮子山一带已发生了翻天覆地的变化，冯子和老家的踪影已经难以寻觅。但这样一位既有演技又能创新的人，不正是实现“中国梦”进程中亟须学习的榜样吗？

## 丽仙“丽调”传绝唱

经过数百年的兴衰变迁，被誉为“中国最美声音”的苏州评弹，流派唱腔已发展到20余种，其中有一种唱腔叫“丽调”，它的创始人叫徐丽仙。她也像冯子和一样，是苏州高新区人，老家在枫桥向街村下水滩（今苏州高新区泰山路向街一带）。

徐丽仙（1928—1984）出生在一个贫寒农家，姐姐徐新妹（1925—1945）参加抗日斗争，担任阳山区阳东秘密联络员，因锄奸被抓，最后英勇牺牲。

徐丽仙尚未满月就被苏州评弹行业组织普余社的钱家班班主钱锦章收为养女，7岁学艺，9岁登台，15岁取艺名钱丽仙，与师姐拼档弹唱长篇弹词《倭袍》《啼笑因缘》等传统书目，深受广大听众欢迎。民国三十六年（1947）她随钱家班进入上海，弹唱《啼笑因缘》，艺名大振。

中华人民共和国成立后，她脱离钱家班，恢复徐姓，1953年加入上海评弹团，成为该团的“台柱子”，代表唱段有《罗汉钱》《新木兰辞》《全靠党的好领导》《王魁负桂英》《杜十娘》等。1959年，她曾为周恩来总理弹唱《新木兰辞》，1960年出席全国第三次文艺工作者代表大会，后任中国音乐家协会理事，是中国曲艺协会会员。

徐丽仙对苏州评弹的最大贡献，是在蒋（月泉）调和徐（云志）调基础上，博采众长，自创了“丽调”。这一唱腔早期柔和婉约、清丽深沉，后又增加了明朗刚健以及清丽优美的特色，别具韵味，为苏州评弹艺术树立起了一座丰碑。中国音乐家协会原副主席、上海音乐学院原院长贺绿汀教授评价“丽调”说：“这才是真正的中国民族音乐。”

值得弘扬的还有徐丽仙的“拼命三娘”精神。她除了创作就是演出，公园、马路，甚至深夜的医院急诊室，都是她的创作场所，为此还发生过一场误会。那是“文革”期间一个国庆节前的夜里，天下着小雨，当时徐丽仙创作了一个弹词开篇，准备国庆节上台演出。由于没有排练场地，她就撑着伞在路上来回走动，口中念念有词地唱着。她的这一举动引起了治安巡逻人员的怀疑，以为她是坏分子，正在暗中与人接头联络。于是，巡逻人员上前盘问。徐丽仙再三解释，对方还是不信，把她临时扣押了起来。后来家人送去她的工作证和评弹团开具的证明，这场误会才得以消除。她的拼命精神，让周恩来总理也为之动容，欣然为她题词：努力学习，精益求精。

1977年徐丽仙患舌底癌后，依然坚持艺术探索，曾特地为姐姐徐新妹创作《雪里红梅》。1982年全国曲艺界（南方片）会演上，她创作的《望金门》《二泉映月》获得二等奖，徐丽仙个人获荣誉奖。

对待评弹新人，她牢记老一辈无产阶级革命家陈云的谆谆教导：出人、出书、走正路，热情扶植、毫无保留地指导余红仙等后起之秀，使他们获益匪浅。

对待家庭，她是个孝女。20世纪60年代初，徐丽仙在枫桥政府部门的帮助下找到了自己的生母。从此，她每月都要给母亲寄钱，并抽空回枫桥探望母亲。

1984年3月，徐丽仙在上海病逝，年仅56岁。为纪念这位艺术家，1996年6月，上海音乐学院、上海曲艺界协会、枫桥镇政府在何山公园东北半山腰设立徐丽仙半身汉白玉雕像。2001年7月，徐丽仙纪念馆又在何山公园内落成。这是苏州专门为评弹艺人建立的首座个人纪念馆，尽管面积不大，展出的物品却琳琅满目，包括徐丽仙当年获得的荣誉证书、亲笔手迹、录制的评弹剧目，以及她出生、学艺、出道和患病期间的珍贵资料等。这里同时还设立了“徐丽仙唱腔艺术研究工作室”。

如今，徐丽仙纪念馆移建到了白马涧生态园龙池风景区内的展示馆里，更多的人将接过徐丽仙的琵琶三弦，让作为苏州文艺三朵花之一的苏州评弹薪火相传。

## 辟疆达生塑蚕魂

一个乡镇，一二十年时间里竟然出现了23家大小蚕种场，占“丝绸之府”苏州总量的一半以上，蚕种原种的产量一度占江苏省的四分之一。发生这一奇迹的乡镇，是苏州高新区浒墅关镇。而这一奇迹的出现，离不开一对夫妇——郑辟疆、费达生。

郑辟疆（1880—1969），吴江盛泽人。盛泽位于江浙交界处，几乎家家养蚕、户户织绸，有“日出万匹，衣被天下”的美誉。但在郑辟疆少年时期，因洋布兴起和国内政治腐败、科技落后，我国蚕丝业逐渐走衰，盛泽也受到了冲击，这让郑辟疆感慨万千，振兴我国蚕丝业的宏愿从此在他的心里萌芽、滋长。1900年，他考入杭州蚕学馆，1902年毕业后留馆工作，次年东渡日本考察蚕桑业，此后又先后在山东青州蚕丝学堂、山东省立农业专门学校任教。

1918年，郑辟疆应史量才邀请，接任江苏省立女子蚕业学校第三任校长。他提倡知行合一、学以致用，编纂系

年轻时的郑辟疆

统化教科书，进行“土种革命”，组织开展蚕业推广指导，改进制丝技术。

办学的过程并非一帆风顺，碰到困难，郑辟疆总是殚精竭虑加以解决。比如20世纪20年代初建蚕种部时，由于政府不拨款，他就以自己的私寓“潜庐”作抵押，向银行贷款。1932年试制立缫车，申请经费无着落，他又捐款购置器材，最终试制成功。苏南解放不久，正值春茧上市，因茧站未做好收茧资金准备，而茧子不及时加工就会出蛾变废，在这紧急关头，郑辟疆亲自去无锡苏南行署呼吁，自己雇车将收茧资金押运到苏州，解决了茧农们的燃眉之急。

费达生像

费达生（左）和弟弟费孝通（右）

费达生（1903—2005）生于吴江同里，是著名社会学家费孝通的姐姐。她14岁进入江苏省立女子蚕业学校学习，毕业后考入日本东京高等蚕丝学校制丝科深造，1923年学成回国，在母校推广部工作，从此展开了她投身蚕丝事业的漫长历史长卷，直到1995年才正式退休。其间她带领工作人员深入苏南、浙北、安徽、四川农村，建立蚕业指导所，推广改良蚕种及科学养蚕技术，组织蚕业合作社，带动蚕农增收，被蚕区人民亲切地称为“蚕花娘娘”。“蚕花娘娘”本来指蚕神，在民间信仰中有着崇高的声望。费达生获得这样的称呼，可见她在养蚕人心目中的地位之高。专家学者中，也有人称她为“现代黄道婆”的。

正是在郑辟疆、费达生等蚕丝科学技术研究和推广专家的带领下，浒墅关蚕种一度供不应求，出现了一股蚕种制造热潮，培育出了“铁种”等优质蚕种，浒墅关也因此成为全国蚕种制造业重镇。

郑辟疆、费达生夫妇一生以事业为重，迟迟没有结婚。直到1953年，郑辟疆已经73岁高龄时，两人才在亲友、学生敦促下，办理了结婚手续。据说，当年苏州蚕桑专科学校里许多女教师都十分景仰郑辟疆，他不结婚，她们也不结婚。

郑辟疆故去后，费达生仍居住在浒墅关镇上，由养女养女婿悉心照料。20世纪90年代，笔者也像许多人一样去水车浜她的住处探望过她。只见她虽然年事已高，但仍十分清健，银发纹丝不乱，手里还不停地捻动着一团白色蓖麻蚕丝。

郑辟疆、费达生就像两条春蚕，为人民吐尽了蚕丝，才悄悄离开人世。他们用自己的毕生精力，锻铸了中国的“蚕魂”！

## 人瑞跨越三世纪

这些年生活条件好了，医疗水平高了，我国的人均寿命越来越长，百岁老人越来越多，但要活满110岁，还是十分罕见的。

在苏州高新区这块土地上，却出现过一位老人，竟然跨越了19世纪、20世纪、21世纪，一直活了117岁。

老人名叫李阿大，生于江阴，12岁随父母来到苏州，定居在横塘红旗村。当时她日子过得艰苦，住的是草棚，吃的是糠饼，穿的是破衣。闲暇时她帮人家裁衣缝纫，还曾去上海等地做帮佣，21岁结婚，先后生育6个子女，100岁那年住进横塘敬老院，曾被全国老龄委评为“十佳健康老人”。

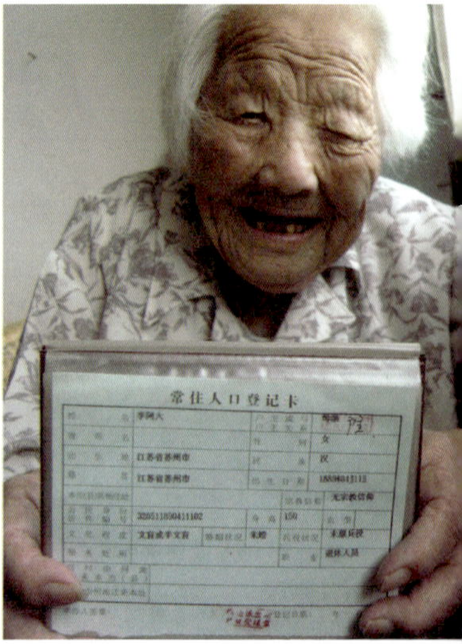


李

2005年8月31日，有媒体报道，经吉尼斯世界纪录认证的世界最长寿老人——荷兰亨德里克吉·范安德尔-席佩尔于此前一天辞世，接下来在世的长寿吉尼斯纪录保持者是1890年8月15日出生的美国老人伊丽莎白·博尔登。看到这一消息后，我突然想到，之前媒体公布的李阿大老人年龄似乎还要大一些，就冲到横塘敬老院一探究竟。

当时，李阿大尽管耳朵稍微有点背，但手脚还很灵便，叠被子很利索，口齿也清晰，回答问题有条不紊。老人80岁的四女儿张冬宝说她吃得下睡得好，还爱吃红烧肉。

本来敬老院里的老人年纪都很大了，但看了李阿大，觉得他们都还是“小年轻”呢！这些老人亲切地喊李阿大为“百岁”，有空都喜欢到她房间坐坐。

鉴于李阿大户口本上写的出生时间“1889年4月11日”确实比伊丽莎白·博尔登还早，我建议她去申报吉尼斯纪录。老太太很高兴，说愿意申报。为此，我联系了设在辽宁教育出版社内的吉尼斯世界纪录中国申报中心，该中心工作人员王俊听说李阿大的情况后十分惊讶和高兴，当即表示欢迎提交书面申报。但他说，能否申报成功，关键要看原始凭证。国外申报的原始凭证一般是出生证，可李阿大老人出生的年代还在清朝，当时我国还没有这种证件。而老人持有的户口本是后来做的，并不能作为原始证明材料。他建议找一找李阿大早年参加工作时的档案，或者子女读书、工作时填写的李阿大年龄，以及其他可靠资料试试。

虽然直到李阿大去世，大家也没能找到证明她出生时间的原始资料，但她能活到那么大岁数，大家还是打心眼里为她高兴。分析她长寿的原因，除了喜爱劳动、性格开朗、能经常参加散步等活动外，也与横塘一带优美的人居环境、政府部门的关爱、敬老院的悉心照料密切相关。

清朝至民国时期，苏州有个寿妇顾王氏活了108岁，被载入《苏州市志》。李阿大比顾王氏更长寿，因此不要说在苏州高新区，就是在全苏州乃至全国都值得留上一笔啊！

## 河间名人看不完

在数千年的历史长河里，苏州高新区运河一带的名人远不止以上提到的。其中有土生土长的，如清代著名诗人沈德潜的老师施灿（1656—1694）。他字星羽，性至孝，重朴学，轻词华，著有《养正录》一卷，纂《四书大全节要》，未成而逝 。

再如主撰《浒墅关志》、著有《渔庄集》的凌寿祺（约1749—1834）。他字介福，号戒甫，居浒墅关渔庄。清嘉庆六年（1801）六月，凌寿祺在吴县知县唐仲冕举行的一次“宾兴之典”上，答吟项目夺得第一名。凌寿祺怀着对家乡的热爱，致力于浒墅关山山水水的文化挖掘，撰写了大量的诗歌、文章，为后人研究古代浒墅关的经济、社会、人文提供了众多一手资料。

现当代的如浒墅关走出的著名篆刻家、西泠印社社员矫毅，著名钟表历史学家、钟表鉴赏专家矫大羽。

还有横塘红旗村的颜虎金，生于20世纪30年代，自学成才，是苏派鸟笼制作技艺的非遗代表性传承人，被誉为“南笼泰斗”，他制作的鸟笼常常能卖到十几万元一只，依然一笼难求。可贵的是他还主动跑到浙江、安徽等地的山区，免费教那里的人们做鸟笼，带动多方群众一起奔小康。

被苏州高新区秀美山水资源吸引而来的外来者络绎不绝。比如归隐枫桥寒山岭的赵宧光（1559—1625）老家在太仓，明万历二十二年（1594），他买寒山葬父，又依山筑寒山别业，举家迁居于此。他一边守孝，一边读书作文、整饰风景，现在寒山岭上的摩崖石刻大部分都跟他有关（详见第二篇第四节）。

再如中国工程院院士、电子学专家韦钰，也因其母是浒墅关人，曾在浒墅关生活，并就读于浒关中学（现吴县中学），深受浒墅关文化的滋养；中国工程院院士、计量学专家张钟华也从小生活在浒墅关；中国工程院院士、中国电子科技集团公司首席科学家、空警2000预警指挥机总设计师陆军，同样因母亲曾任吴县中学领导，而在浒墅关生活、学习……

清代诗人赵翼说：“江山代有才人出，各领风骚数百年。”苏州高新区，不就是这样一片“代有才人”的沃土吗？

## 第二节　流水乡思

唐朝诗人杜荀鹤的《送人游吴》云："遥知未眠月，乡思在渔歌。"

渔歌是乡思，大运河两岸的特产和民俗也是乡思。这里有浒关席、虎牌蚕种、白荡菱，也有镜片、金山石雕、枫镇大面；这里还有正渐行渐远的众多生产、生活习俗。大运河水潺潺流淌，把蕴藉其间的乡思带到了我们身边。

明清时期的眼镜

## 眼镜曾卖“白菜价”

眼睛是人体最宝贵的感觉器官，人们感知的外界信息80%以上是通过眼睛获得的。然而，受用眼不科学等因素影响，部分群众视力出了问题。近几十年来，随着电视机、电脑、手机等的普及，人们的视力水平更是每况愈下，对眼镜的需求量也越来越大。

根据文献记载，眼镜在元代已从西域传入我国，一开始价格昂贵，非富贵人家不能享用。到明代，眼镜仍是稀罕之物。当时的眼镜类似于今天的放大镜，只有一张镜片，被称为“单照”，江南四大才子之一的祝枝山就曾用过这玩意儿。晚明时期，杭州成为我国的眼镜制作中心。这时出了个苏州人叫孙云球（1630—1662），他特意赶到杭州去学习制镜技术，还钻研刚从西方传入的数学知识，经过反复探索，最后掌握了“磨片对光”技术，选用水晶磨制镜片，还创造了磨片工具“牵陀车”，能加工近视镜、老花镜、万花镜、鸳鸯镜、夜明镜、千里镜（望远镜）等各类光学制品。在此基础上，孙云球撰写了一本眼镜制作方面的专著《镜史》。

此后，苏州一批人跟着投身眼镜制作大军，眼镜生产迅速产业化，价格也一路走低，最终连平头百姓也消费得起了。清初人叶梦珠在《阅世编·卷七·食货六》部分记载：

眼镜……制自西洋者最佳，每副值银四五两……顺治（1644—1661）以后，其价渐贱，每副值银不过五六钱。近来苏、杭人多制造之，遍地贩卖，人人可得，每副值银最贵者不过七八分，甚而四五分，直有二三分一副者，皆堪明目，一般用也。

一两等于十钱，一钱等于十分。这样算下来，清朝顺治以后便宜的眼镜一副只要0.02—0.03两银子。按清初一两银子实际购买力相当于今天的四五百元计算，当时最便宜的眼镜价格只相当于今天的10—15元，贵的也不过30—50元，跟今天一副眼镜动辄几百元、几千元相比，简直就是“白菜价”。这个价格，让今天的“眼镜族”情何以堪啊！

苏州的眼镜手工作坊一度集聚于上方山麓（今属高新区横塘街道）及新郭里一带。据说，上海老字号眼镜店“吴良材”当时的货源均来自这一带。中华人民共和国成立后，横塘上方山麓还兴建了不少镜片厂，使镜片产业一度成为当地的支柱产业之一。

## 石材铺筑纪念堂

苏州高新区地处长江三角洲中心，平坦的大地上点缀着不少低山丘陵，其中南部地区低山丘陵盛产金山石，也因此形成了“金山石雕”技艺的帮派之一——枫桥细石匠帮。

金山石以吴中区木渎镇的“金山”得名，但分布区域并不局限于金山。它们其实是一种花岗石，呈淡黄色或青黄色，晶粒细密、质地坚硬、不易风化，且耐酸耐腐蚀，抗压力强，是我国首屈一指的优质建筑石料。因此，当年这种石材一度被大量用于建造桥梁等建筑。

毛主席去世后，首都建设毛主席纪念堂，需要使用一部分石料。经严格考察，苏州城西田鸡山、乌龟山（地方小山名）的花岗石因材质尤其细洁而被相中，由枫桥石料厂与周边几家石厂负责开采、加工、送交，成为毛主席纪念堂的一部分。

1996年，为服从、服务于苏州高新区开发建设，保护环境资源，为子孙后代留下绿水青山，枫桥石料厂逐步缩小开采规模。2000年，苏州立法规定，禁止开山采石，开办30多年的枫桥石料厂从此退出历史舞台，其间累计上缴利润4000多万元。

从靠山吃山、“炮声一响，黄金万两”到“要金山银山，更要绿水青山”，这是人类认知水平不断提升的一个真实写照。

不过，石料停止开采后，部分企业还利用之前的石料存货或外地石料，从事加工生产。2006年8月苏州山塘街恢复的七只狸猫，就是苏州高新区枫桥金庄古建雕刻工艺厂生产的。这些石狸被安放在山塘桥、通贵桥、星桥、彩云桥、普济桥、望山桥、西山庙桥七座古桥下，材质相同，大小相仿，但形态各异：有的瞪大了眼睛，有的翘起了鼻子，有的鼓起了嘴巴……看起来憨态可掬，十分动人。这些石狸是参照相关照片，再根据老山塘们的回忆进行修改，用抗风化能力较强的山东嘉祥青石加工而成的，每只高1.4米、重0.8吨左右。苏州山塘街从此再现了“七狸”景观。

## 枫镇大面登“舌尖”

长江流域，各大码头，都有碱水面的地盘。苏州面，味道来自于汤，清而不腻，细面是苏式面的精髓，装碗不拖水、不泼汤。夏季的大肉面，浇头是一块白嫩肥美的焖肉，白糟粒粒，面汤鲜滑。

这段话，来自2014年5月30日央视《舌尖上的中国》第二季第七集《三餐》。而片中所配的画面，有一种“枫镇大面”，它的起源地，就在苏州高新区枫桥。

相传，清朝乾隆年间，有一位姓张的老板在枫桥开了一家红汤面馆。一天下午，张老板发现自己店里的作料用完了，只好出门去买。路上张老板碰到一位伤心的中年妇女，原来她给老父买药的钱被偷了，心地善良的张老板就把身上的钱都给了她，然后急匆匆回到店里，这时他才想起第二天一早做面没有作料这件事，当时天色已晚，作料店都打烊了，张老板郁闷之下，边喝酒浇愁边吊高汤、烧浇头，一不小心将喝剩的残酒倒进了锅中。第二天一早，他发现未加酱油等调料的白焖肉居然喷香扑鼻，细想之下，他才明白原来是白酒起的作用，自己是“因祸得福”了。

从此以后，张老板就开始主营白汤面。这时乾隆皇帝下江南，路过枫桥，循着香味走进张老板店里吃面，吃后连连称好，就问这是什么面。张老板坦言刚刚上市，还没起名，乾隆皇帝略一沉思，说，不妨叫“枫镇白汤大肉面”吧，简称“枫镇大面”！从此，枫镇大面声誉鹊起，成为苏州的著名面食。

在一些老吃客眼里，这是一种功夫面，是苏州“最难做、最精细、最鲜美”的面。其中，作为浇头的大肉，要用优质五花肉加作料放到锅中煮四个半小时才起锅，所以极为酥嫩，而且毫无油腻感，让人们在怕吃肉的夏季照样敢大快朵颐；面汤采用肉骨、黄鳝骨、虾脑、螺蛳肉等鲜物吊成，因此汤汁澄清，味道鲜美，吃过之后嘴巴不会发干，难怪它会胜于那些“味精面汤”！

苏州高新区运河沿线的美食，还有白荡菱、南塘藕、吕公茭……它们和白酒、枫镇大面、乌米饭一起，都是大地的无私馈赠，是人间天堂苏州的味道。（苏州高新区运河沿线的生产、生活习俗见本丛书《百工遗韵》）

## 第三节　潺潺余韵

苏州高新区山温水软，风光秀丽，物产丰饶，经济发达，人口稠密，文化底蕴深厚，素享“风土清嘉、人文彬蔚”之誉。文坛艺殿上，文士如林，著述丰硕。这里还吸引了大批区外文学家前来活动、创作，留下了大批吟咏和反映苏州高新区人文、风情的诗词、文章。

在此，特选编部分与浒墅关、枫桥、横塘有关的诗词，作为高新区运河流水的潺潺余韵。

## 浒关篇

### 近浒墅望虎丘

（宋）杨万里

浒墅人家远树前，虎丘山色夕阳边。
石桥分水入别港，茅屋垂杨系钓船。

### 晚望浒墅

（宋）方回

太湖晚山雨，白鸟去冥冥。
古家多无后，荒祠岂有灵。
异峰峻石骨，远树耸人形。
兵革已更息，废田蒲稗青。

### 又出许市

（明）王穉登

秋水孤帆挂白云，关门杨柳落纷纷。
城中若问阳山色，个个峰峦翡翠文。

### 浒　墅

（清）张蔚

外府泉流未可虚，雄关络绎过车舟。
东南风景知何似，请续龙门平准书。

## 过茶亭诗

（清）陆吟

绿阴阴里书冥冥，一棹初从柳外停。
记取张家桥畔路，半肩行李古茶亭。

## 徐侯山

（清）凌寿祺

越王昔擒吴王处，鏖兵人去徒空山。
至今犹自草木荒，野花滴滴成朱殷。
徐侯何人遽称名，岩上无心云方还。

## 甑　山

（清）凌寿祺

山本不在高，罢雾兴即灵。
兹山有七窍，气蒸接杳冥。
何当傍松楸，山中结茅亭。
早晚看云氯，勿使岩户扃。

## 关快词

（清）凌寿祺

浒墅关前万客过，买舟命驾六时多。
家居素近浮桥畔，好觅生涯托运河。
髹漆光生松桂舷，玻璃窗净绣帏鲜。
荡湖纵有梢婆好，输与侬家会使船。
驾来双橹疾如飞，走送包封戴赏归。
总库明朝要上兑，衙前更晚漏声微。

儿女夫妻共一舟，风餐水宿市梢头。
今年闻说关前好，准备人家到虎丘。

（按：关快为船名。始于浒墅，制造精细，器具华赡，双橹加桨，其捷如飞，故名。）

## 浮桥诗

（清）凌寿祺

人嚣嚣，舟招招，放关日日当空照。
造舟为梁始周制，雄关一锁资启闭。
在昔元制竹木场，抽分犹号竹青塘。
有明始设闾葑门，浒墅巡检讥晨昏。
景泰建元关乃立，岁岁分司司出入。
四方宾客叩关来，神州远物于焉集。
阙有赖公催政仁，永通渠开最便民。
钱钞差委异专摄，内侍一出恣渔猎。
南北两税重纷更，泰昌停一关津亨。
我朝万国梯航聚，四海扬龄归化宇。
圣人曰关籍巡警，裁汰归并烦费省。
大官内府掌职币，兼理榷司之会计。
舳舻万里容万斛，风骚利达好贩鬻。
闸亭截业控当河，非常既察皆安过。
铁索一声篙一撩，关南去看开浮桥。

## 漕 河

（清）叶士宽

秋光一片接澄河，少伯曾经此伐吴。
组练眩睛明浦口，艅艎衔尾下姑苏。
乌啼茂苑多榛莽，水满长洲遍荻芦。

今日通津成大路，千帆转漕入皇都。

### 白石山

（清）张元益

偶来浒墅北，散步过溪桥。
山色随云变，人声隔岸招。
村墟环水渚，稼穑杂渔樵。
一往穷幽胜，馀杭去未遥。

### 浒墅赵公墓诗

（清）翁心存

长洲里，彭华乡，佳城郁郁当南冈。
谁欤斯邱体魄藏，土人指点说赵王。
《图经》但记定城令，不知世代况名姓。
竭来耕地得贞珉，历历书年宋嘉定。
筮云吉卜云凶龙，沙之墓，堕水中。
不如此兆仅一弓，幽宫之，文不刓。
不缺垂无穷，字乃弥明姓。

## 枫桥篇

### 枫 桥

（唐）杜牧

长洲苑外草萧萧，却算游城岁月遥。
惟有别时今不忘，暮烟疏雨过枫桥。

## 题报恩寺

（唐）刘禹锡

云外支硎寺，名声敌虎丘。
石文留马迹，峰势耸牛头。
泉眼潜通海，松门预带秋。
迟回好风景，王谢昔曾游。

## 枫桥夜泊

（唐）张继

月落乌啼霜满天，江枫渔火对愁眠。
姑苏城外寒山寺，夜半钟声到客船。

## 高景山夜归

（南宋）范成大

伊轧篮舆草露间，夜凉月暗走孱颜。
忽逢陂水明如镜，照见沉沉倒景山。

## 宿枫桥

（南宋）陆游

七年不到枫桥寺，客枕依然半夜钟。
风月未须轻感慨，巴山此去尚千重。

## 支硎山

（明）王宠

支硎特峻秀，平地插芙蓉。
面面开霞壁，层层折剑峰。
白鹇巢野竹，苍鼠戏长松。
远忆道林辈，低头礼数峰。

## 支硎山斋听雨，明日早晴，更宿法螺精舍

（清）吴伟业

秋山所宿处，指点白云生。
故作中霄雨，倍添今日晴。
一峰当止观，万象逼孤清。
更上上方去，松风吹玉笙。

## 赵凡夫山居为祠堂（今改报恩寺）

（清）吴伟业

高人心力尽，石在道长存。
古佛同居住，名山即子孙。
飞泉穿树腹，奇字入云根。
夜半藤萝月，钟声冷墓门。

## 题花山诗

（清）爱新觉罗·玄烨（即康熙帝）

欲问青山涧壑明，春云又变晓阴轻。
勾陈不遣惊蝉芝，恐凝林间碧草生。

## 寒山寻赵凡夫隐居处，游法螺庵、千尺雪诸胜

（清）历鹗

寒山寒气贮春余，入谷风烟更翳如。
崖接扶阑疑蜀栈，树悬飞雨想匡庐。
缁流尚记人偕隐，青竹今无客著书。
胜绝未能千日住，枫桥渔火暗村墟。

## 九日登贺九岭初见霜叶

（清）沈德潜

陶公爱重九，我意同斯语。
游兴高令节，山行觅俦侣。
已谢篮舆逸，遂陟崇冈阻。
宴乐想霜图，传闻非稽古。
纵步无近寻，流眄有远睹。
隔坞动斋钟，半岭闻樵斧。
枫林点轻霜，红叶灿可数。
貌腴神欲凋，浮荣难久处。
超遥偕同游，寞寥感秋序。
倚杖伫苍茫，轻烟起平楚。

## 题寒山行千尺雪

（清）爱新觉罗·弘历（即乾隆帝）

支硎一带连寒山，山下出泉为寒泉。
淙淙幽幽赴溪壑，跳珠溅玉多来源。
土人区分称各别，岂能一一征名论。
兰椒策马寻幽胜，山水与我果有缘。
就中宦光好事者，引泉千尺注之渊。

泉飞千尺雪千尺，小篆三字铭云峦。
名山子孙真不绝，安在舍宅资福田。
槃陀坐对清万虑，得来曾有诗亦然。
雪香在梅色在水，其声乃在虚无间。

### 寒山访赵凡夫故居

（清）方薰

峰峰莽回亘，仄径开林阴。
空谷有高蹈，岩居阻幽寻。
百年小宛堂，遗构留云林。
深知乐山者，独抱考磐心。
脱略世故累，痼疾烟霞深。
矧得偕隐贤，能和丘中琴。
红梅见风格，香满寒山岑。

## 横塘篇

### 题楞伽寺

（唐）许浑

碧烟秋寺汛潮来，水浸城根古堞摧。
尽日伤心人不见，石榴花满旧歌台。

### 青玉案词

（北宋）贺铸

凌波不过横塘路，但目送、芳尘去。锦瑟年华谁与度？月楼花院，琐窗朱户，只有春知处。

碧云冉冉蘅皋暮，彩笔空题断肠句。试问闲愁都几许？一川烟草，满城风絮，梅子黄时雨。

## 横塘

（南宋）范成大

南浦春来绿一川，石桥朱塔两依然。
年年送客横塘路，细雨垂柳系画船。

## 四时田园杂兴

（南宋）范成大

淳熙丙午，沉疴少纾，复至石湖旧隐，野外即事，辄书一绝，终岁得六十篇，号《四时田园杂兴》。

### 晚春田园杂兴十二绝（录四）

紫青莼菜卷荷香，玉雪芹芽拔薤长。
自撷溪毛充晚供，短篷风雨宿横塘。

湖莲旧荡藕新翻，小小荷钱没涨痕。
斟酌梅天风浪紧，更从外水种芦根。

三旬蚕忌闭门中，邻曲都无步往踪。
犹是晓晴风露下，采桑时节暂相逢。

污莱一棱水周围，岁岁蜗庐没半扉。
不看茭青难护岸，小舟撑取葑田归。

## 夏日田园杂兴十二绝（录二）

昼出耕田夜绩麻，村庄儿女各当家。
童孙未解供耕织，也傍桑阴学种瓜。

采菱辛苦废犁锄，血指流丹鬼质枯。
无力买田聊种水，近来湖面亦收租。

## 秋日田园杂兴十二绝（录一）

中秋全景属潜夫，棹入空明看太湖。
身外水天银一色，城中有此月明无?

## 冬日田园杂兴十二绝（录二）

探梅公子款柴门，枝北枝南总未春。
忽见小桃红似锦，却疑侬是武陵人。

村巷冬年见俗情，邻翁讲礼拜柴荆。
长衫布缕如霜雪，云是家机自织成。

## 初归石湖

（南宋）范成大

晓雾朝暾绀碧烘，横塘西岸越城东。
行人半出稻花上，宿露孤明菱叶中。
信脚自能知旧路，惊心时复认邻翁。
当时手种斜桥柳，无限鸣蜩翠扫空。

## 过横塘

（南宋）姜夔

自作新词语最娇，小红低唱我吹箫。
曲终过尽横塘路，回首烟波两石桥。

## 泛横塘

（明）沈周

船到横塘酒再沽，庖人烹出四鳃鲈。
好山尽在西南上，一路推蓬看画图。

## 石湖泛月

（明）文徵明

甲辰八月既望，延房具酒载余夜泛石湖。是夜风平水静，醉饮忘归，意甚乐也。

爱此陂塘静，扁舟夜不归。
水兼天一色，秋与月争辉。
浦近青山隐，沙明白鹭飞。
坐来风满鬓，不觉露沾衣。

## 登吴王郊台作

（明）唐寅

昔人筑此不论程，今日牛羊向上行。
吴儿越女齐声唱，菱叶荷花无数生。
南山含雨眉俱润，西湖映日掌同平。
本田万感销非易，讵言哀乐过群情。

## 八月十八夜看串月歌

（清）顾嗣立

治平山寺何岧峣，湖光吐纳山连遥。
烟中明灭宝带桥，金波万迭风骚骚。
年年八月十八夜，飞廉驱云落村舍。
金盆出水耀光芒，玻璃迸破银瓶泻。
散作明珠千万颗，老兔寒蟾景相吓。
鱼婢蟹奴争献奇，手搴桂旗吹参差。
水花云叶桥心布，移来海市秋风时。
吴侬好事邀亲客，舳舻衔尾排南陌。
红豆新词生绛唇，粉胸绣臆回歌席。
绿蛾淋漓柁楼倒，醒来月在松杉杪。

运河明珠 璀璨高新

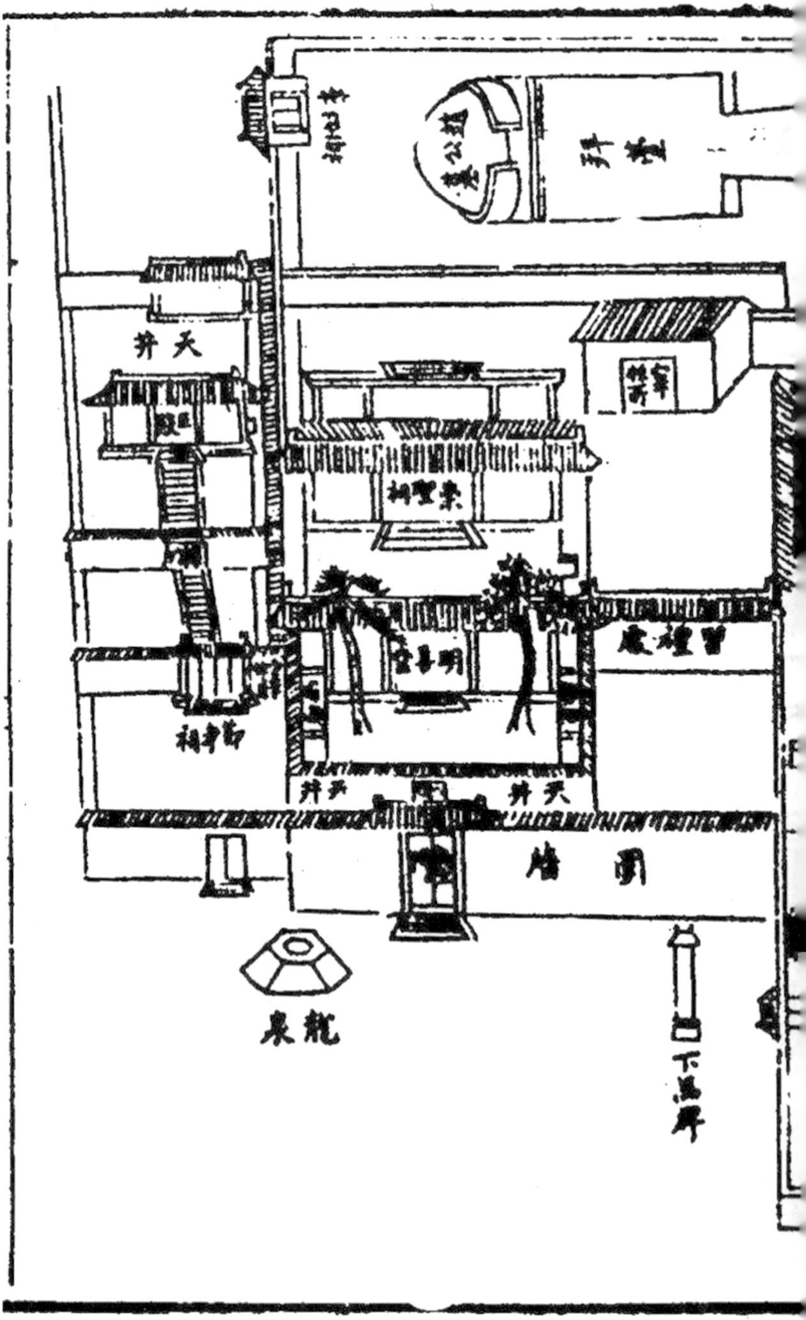
趙公墓
拜臺
天井
崇聖祠
宰牲所
習禮處
節孝祠
天井
天井
龍泉
下馬牌

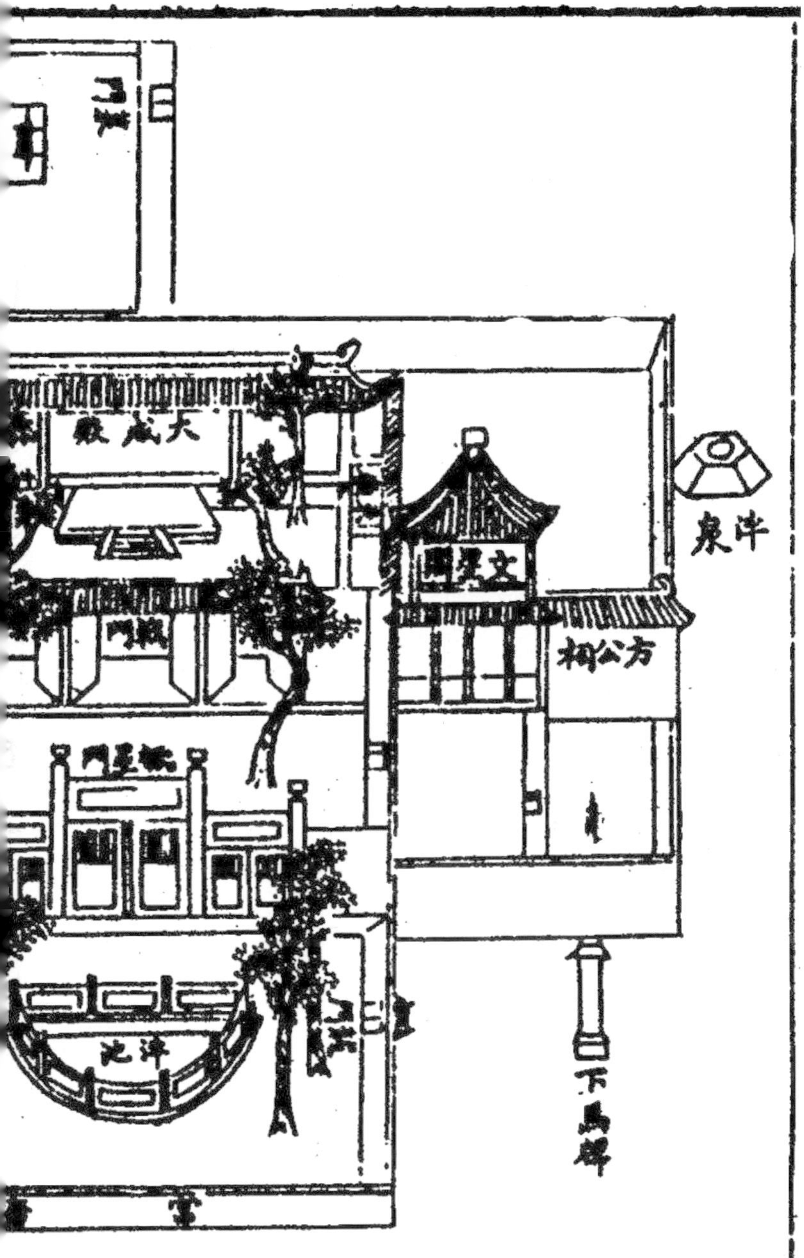


浒墅文庙图

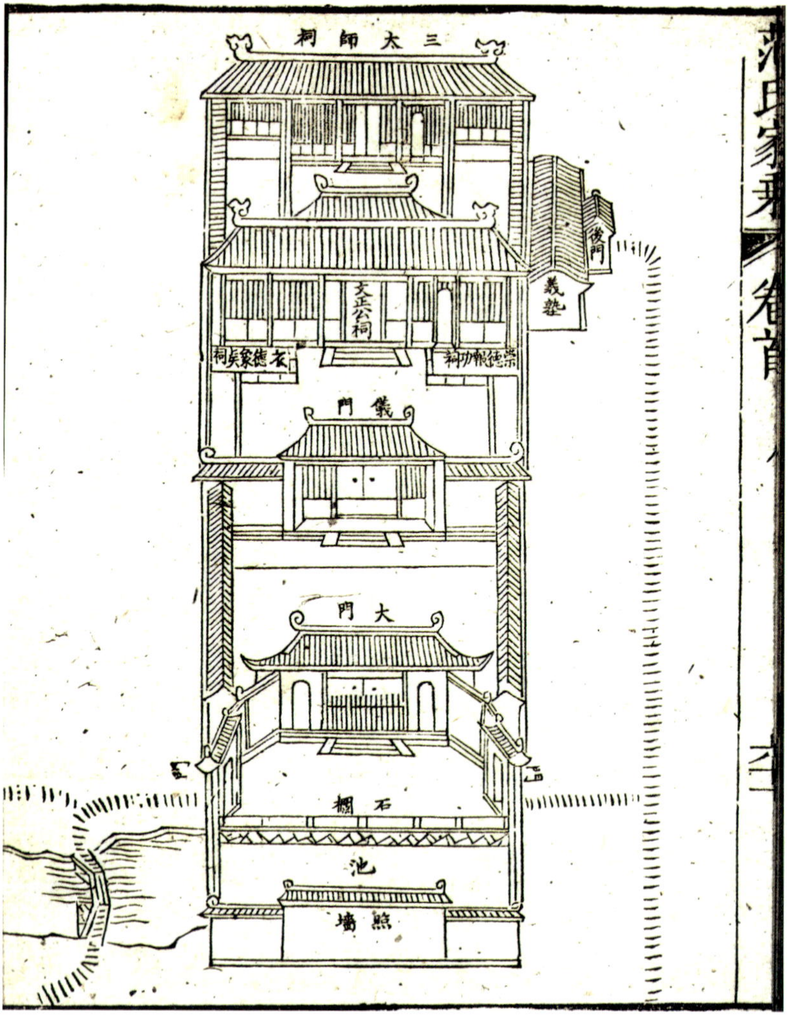


苏州图书馆藏《范氏家乘（二）》卷首图像中的《浒墅文正书院全图》

浒墅关署图